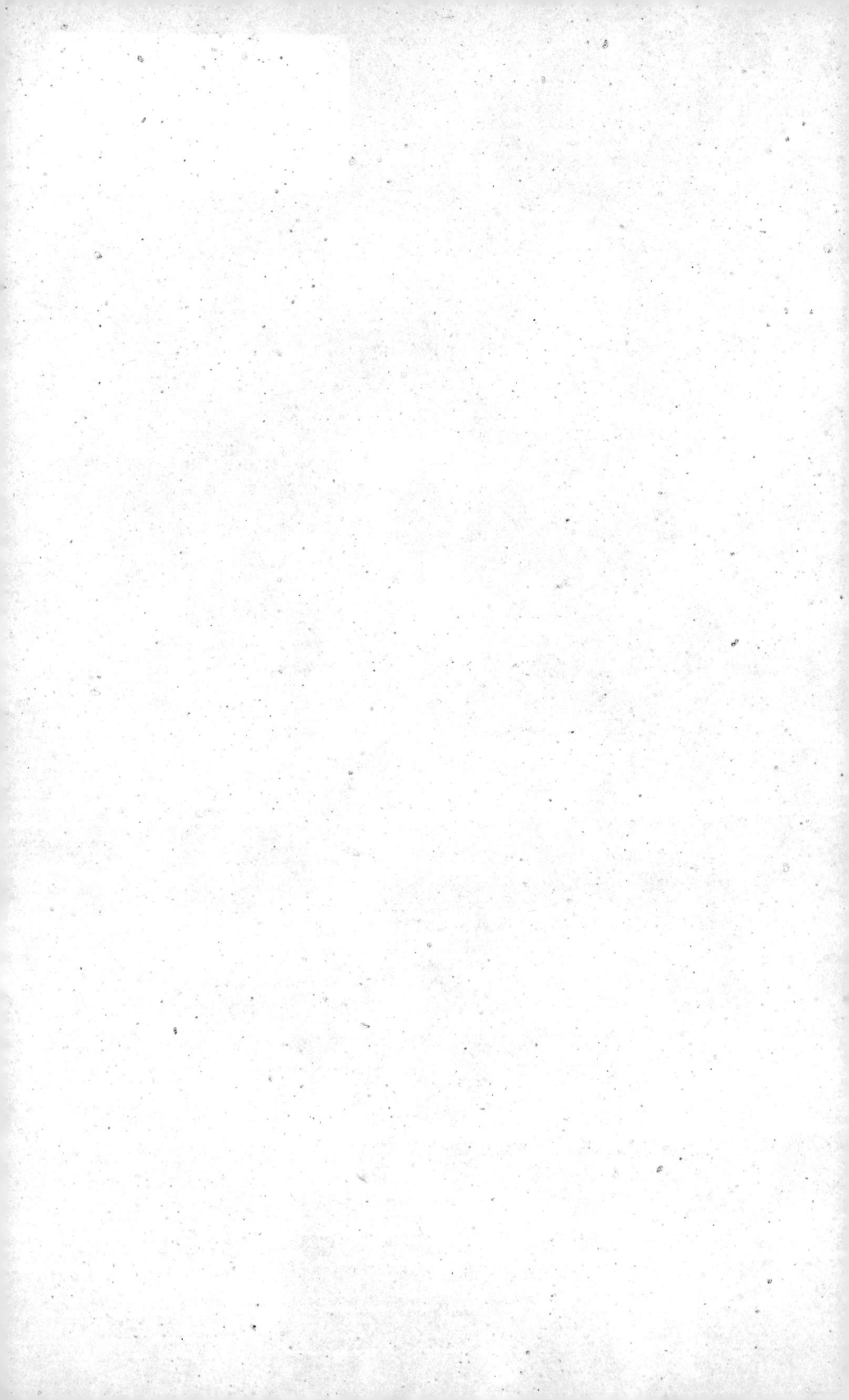

南怀瑾学术研究会 编

第五届太湖国学讲坛
暨南怀瑾先生逝世五周年

纪念文集

生命的认知

人民东方出版传媒
东方出版社

图书在版编目（CIP）数据

生命的认知：第五届太湖国学讲坛暨南怀瑾先生逝世五周年纪念文集 / 南怀瑾学术研究会编. — 北京：东方出版社，2019.3
ISBN 978-7-5207-0790-9

Ⅰ. ①生… Ⅱ. ①南… Ⅲ. ①南怀瑾（1917–2012）—纪念文集 Ⅳ. ①K825.1–53

中国版本图书馆CIP数据核字（2019）第026456号

生命的认知：第五届太湖国学讲坛暨南怀瑾先生逝世五周年纪念文集

编　　者：南怀瑾学术研究会
责任编辑：孙　涵　张莉娟
责任审校：谷轶波　曾庆全
出　　版：东方出版社
发　　行：人民东方出版传媒有限公司
地　　址：北京市东城区东四十条113号
邮　　编：100007
印　　刷：北京联兴盛业印刷股份有限公司
版　　次：2019年3月第1版
印　　次：2019年3月第1次印刷
开　　本：640毫米×960毫米　1/16
印　　张：15.5
字　　数：125千字
书　　号：ISBN 978-7-5207-0790-9
定　　价：56.00元
发行电话：（010）85924663　85924644　85924641

太湖大讲堂

南怀瑾先生逝世五周年纪念活动会场

峨眉山中峰之巅大坪寺遗址留影(2018 年 9 月 24 日)

出版说明

2017 年 9 月，时值南师怀瑾先生逝世五周年，为了纪念先生，也为了发扬先生提倡文化造福社会之精神，在苏州地方党委政府的主持和支持下，于吴江庙港的老太庙广场，举办了系列活动。

其一，是 9 月 28 日上午的"太湖国学音乐小镇授牌仪式暨老太庙文化广场落成典礼"。此活动由七都镇党委政府和老太庙筹办。苏州市委统战部、苏州市建设局、苏州市宗教局、吴江区委、吴江区有关部门、七都镇党委政府等机构的领导与当地群众，以及南怀瑾先生的亲属学生们出席了活动。

"太湖国学音乐小镇"是由中国住建部公布的唯一以国学和音乐为特色的中国特色小镇。"国学"特色因南师而来，

"音乐"特色由迷笛音乐节而来。

老太庙文化广场，包括老太庙、怀轩、群学书院、太湖大讲堂、休闲文化广场五个部分，其中包括戏台、素菜馆、书店、园林等配套设施。

老太庙始于元代，原是祭祀一位救民于水火而舍生取义的邱姓清官，元明两代御封其为侯王，并增加了佛道元素，毁于近现代。老太庙的庙会，据说曾是明清太湖一带最大的庙会。南师倡议复建老太庙，融合儒释道古今元素，作为公共教化平台，为此捐地捐资，派名家捐献建筑设计。在南师临终前，2012 年 9 月初，老太庙文化广场奠基了。

老太庙建成后，礼请中国佛教协会驻会副会长、中国佛学院常务副院长、成都文殊院方丈宗性大和尚住持。

群学书院系南京大学所办，太湖大讲堂由吕松涛、刘梅英伉俪捐建，怀轩是南怀瑾学术研究会所在地。

其二，是 9 月 28 日的老太庙全堂佛像开光仪式与皈依法会，由老太庙举办，江苏省、苏州市、吴江区等各级佛教协会会长以及灵岩山寺住持等长老们共襄盛举，标志着老太庙重光，正式运行了。

其三，是南怀瑾学术研究会主办、江村市隐承办的"身心修养与家庭教育答问会"。邀请宗性法师、宏忍法师、古国治先生，于9月28日下午在太湖大讲堂，有针对性地回答听众在身心修养与家庭教育两方面的问题。

其四，是南怀瑾学术研究会主办、江村市隐承办的"南怀瑾先生逝世五周年纪念会"。9月29日上午，首先，肖军书记代表七都镇党委政府和十万人民致辞，朱清时会长代表主办方致辞，然后，胡德平部长、孔丹理事长、张连珍主席（代表江苏省）、李光富会长（代表中国道教协会）、陈知庶将军、易智峻先生、郑宇民先生、南国熙先生（代表南师家人）先后致辞，深情缅怀南师。

其五，是9月29日，由南怀瑾学术研究会主办、江村市隐承办的"认知生命——第五届太湖国学讲坛"，首先由吴江区委统战部常务副部长、区政协副主席肖仲伟，代表吴江区党委、政府、人大、政协致辞。然后请宗性法师、陈凯先院士、洪兰教授、祁和晖教授、裴钢院士等五位专家，围绕"认知生命"的主题，依次作了精彩的学术报告。最后由承办单位领导吕松涛先生总结发言。

以上五项活动，内容多样，异彩纷呈，圆满成功，既是当地的文化盛会，也是对南师的告慰及其精神的发扬。

因前两项活动侧重于庄严的仪式典礼，后三项活动侧重于文化思想的分享，为使更多读者得以共享这文化的盛筵，现将后三项活动的主要内容结集出版。

是为记。

马宏达

冬至后二日于京华

公元 2017 年 12 月 24 日

目 录

互动篇

述怀篇

缅怀篇

　　2017 年 9 月 29 日上午，由南
怀瑾学术研究会主办的"南怀瑾先
生逝世五周年纪念会"在太湖大讲
堂举行。本篇收录会上嘉宾的致辞。

肖军致辞

（苏州市吴江区七都镇党委书记）

各位来宾、各位朋友、各位老师、大德们：

大家上午好！

很高兴大家从五湖四海齐聚到太湖之滨的七都，来参加今天这个活动。自从 2013 年开始，每年的今天，9 月 29 日，我们都聚集在这里，以开展国学讲坛的形式来纪念南公怀瑾先生。从第一届的"教育"，到"孝贤"，到"诚信"，到"法治"，到今天的"认知生命"，我们用点点滴滴来发扬南公怀瑾先生的国学精神，这是我们七都人民的福报，也是对太湖之滨这个小镇的恩泽。我在此代表七都十万人民对各位老师嘉宾的到来，表示衷心的感谢！

南老师的一生是不平凡的一生，但是在他这伟大的一生中，他把最宝贵的六年留在了七都，留在了太湖之滨，为七都的国学发展奠定了深厚的底蕴和基础。今年8月，七都有幸被国家住建部评为"太湖国学音乐小镇"，这个荣誉的得来和南老师及其学生们的辛勤付出是分不开的。这既是上天给我们的恩赐，更是南老师给予我们最好的恩惠，作为七都镇的党委书记，我在这儿表个态，我很荣幸作为七都人民的一员，我将带领七都人民继续沿着南老师的这条路发扬国学，在太湖之滨继承发扬南师的遗愿，矢志不渝把国学的精神一代代传下去。

我今天的开场白只是抛砖引玉，最后祝各位老师、嘉宾在即将到来的国庆、中秋双节快乐！

谢谢！

朱清时致辞

（南方科技大学创校校长、南怀瑾学术研究会会长）

各位来宾、朋友们：

上午好！

今天是南怀瑾先生逝世五周年纪念日，这里高朋满座，胜友云集。首先，我谨代表南怀瑾学术研究会，向海内外各界来宾，致以诚挚的感谢！

本次活动由南怀瑾学术研究会主办，江村市隐承办，地方政府给予了指导和大力支持，众多工作人员付出了辛苦的努力，在此，谨向他们表示衷心感谢！

今天，我们深切缅怀南师。遥想七十余年前，南师在峨眉山立下宏愿，将平等弘扬儒释道等传统文化，为接续中国文化断层而努力！为此，他奋战了七十年，直至生命的最后一刻!

众所周知,近百余年,中国处于"三千年未有之变局",世界也正在发生前所未有之巨变。在此阶段,在古今中外前所未有的各种洪流激荡中,国人一度丧失了对本国历史文化的信心。新中国建立了独立自主的政治、经济、军事、科技基础,国家已强!但文化的大规模重建,包括复兴中华传统文化的优秀部分,十分艰难!

在历史洪流的十字路口,南师以一己之力,在民间为文化重建奋战了七十年,对国民的影响、启发是巨大的。他启发了无数国人重新尊重自己的历史文化,重建文化自信,并积极探索如何汲取古今中外历史文化的精华,继往开来。

南师融汇诸子百家、古今中外,希望为人类开出一条路来,为此他朝夕惕厉,自强不息,只问耕耘,不问收获;他打破门户之见,放眼世界,海纳百川,主张融合东西方文化精华,为人类福祉而努力;他有教无类,天下为公,呕心沥血,死而后已;他身教言传,知行合一,反对纸上谈兵,主张实践出真知,是内圣外王、经世致用的践行者;他对祖国统一、经济建设、教育改革、理论建设,贡献良多;他立言、立功、立德,对国家民族乃至人类文化建设,功不可没!他虚怀若谷,目光深远,每天都在学习新知,反对故步自封。南师学习生命科学、认知科学和量子物理学的谈话，我至今记忆犹新；他经常说：在廿一世纪，宗教必须脱掉迷信的外衣，与科学相接合，否则就会灭亡。

今天，我们纪念南师，不仅是为了缅怀，更不是搞个人崇拜，而是为了汲取其精神，在古今中外洪流激荡的大时代中，自觉自强，各尽所能，为国家、民族乃至人类文明的建设，共同努力！

最后，我再次向各位嘉宾致意！本次活动必有不周全之处，敬请诸位海涵！

谢谢大家！

胡德平致辞

（中央统战部前副部长，全国工商联前党组书记，十一届全国政协常委、经济委员会副主任）

大家好！

今天是南怀瑾老师辞世五周年的纪念日，在座各位专家、学者将做重要演讲，我作为一个多次接触南老师的晚辈，能有一个发言致辞的机会十分荣幸。可惜的是，我并未系统、长期听过他的授课，只能说些感想，唐突冒昧之处，敬请各位见谅。

1949 年，中华人民共和国成立，但金瓯尚未完璧。大陆和台湾在政治、经济方面是完全对立、森严壁垒的，可是两岸民族、人民之间的历史血脉、文化传承、心理素质的共同点却是任何人力都无法切割的。南老师在 1955 年出版了他的第一本著作《禅海蠡测》，在第一版的封底即印有一行醒目的文字——"为保卫民族文化而战"。南老师以他丰富的历史知识、文化素养和生活阅历为中华民族文化遗产的保存、继承、阐述、发扬做了大量工作，真可谓殚精竭虑，鞠躬尽瘁。

南老师写的这本书，当时售出很少很少，他当时的工作多么孤立，今天两岸的文化界、宗教界和知识界对他又是多么敬重，就足以说明他的为人和两岸大众对中国历史文化的认同。

历史文化果真是那么重要吗？历史文化的信息对今人果真还有联通、启示的作用吗？我认为是肯定的，如若不然，我国代替GPS的导航通信卫星为何要以"北斗"命名呢？"北斗七星，所谓'旋、玑、玉衡以齐七政'"，这就是《史记》对把握国政统率性的观念。如若不然，我国又为何要把发射的量子卫星命名为"墨子号"呢？如若不然，古巴比伦人修建通天塔，又为何因语言不同，彼此争吵不休，不能形成命运共同体，而使通天塔工程成为泡影？当今我国科大讯飞公司发明的语言识别软件，就是为实现全球文化共享而搭建的一块通天塔基石。

南老师谈古论今、说东道西时，对历史掌故信手拈来，妙语连珠如莲花出口。有一次他给我讲了曾缄先生写的仓央嘉措的长诗，他把此诗比作藏族故事的《长恨歌》，《长恨歌》说到临邛道士、鸿都客为寻找杨贵妃的下落"上穷碧落下黄泉""升天入地求之遍"，至今日本朋友还有这种传说，杨贵妃并未死在马嵬坡，而是东渡日本，至今日本还有她的后代。那么仓央嘉措真的死在四川理塘吗？数年前，我们参观过内蒙古阿拉善左旗的喇嘛庙南寺，这里的僧人异口同声说，仓央嘉措是从理塘被押送到这里，生活多年才圆寂的，其文献、遗体俱存，只是在"文革"中均付之一炬，无法印证了。想到仓央嘉措非同寻常的一生，其生其死留下的谜团太多，留下的遗憾太多。天道酬勤，仓央嘉措到理塘九年之后，曹雪芹又诞生人间。我曾在达旺邻近的错那县麻麻乡生活过一个月。世界是娑婆的，娑婆就是遗憾的，但很多娑婆是人们的粗心大意、妄自尊大造成的。

南老师关心、热爱的中华文化还有大量的工作留待后人去做。我们做的工作，不能只是整理国故，而应放在构建人类命运共同体的理念之中，减少遗憾，化解冲突，惩恶扬善，趋于大同。

孔丹致辞

（中信改革发展研究基金会理事长、中信集团有限公司原董事长）

各位朋友，各位来宾：

大家上午好！

我是孔丹，来自中信集团。

有一份机缘，是上天赐给我的。就是在上世纪 90 年代初，认识了南师。有一次机会，我到南师家里面的"人民公社"大食堂，参加他的聚餐，畅谈，从此就一发而不可收，跟南师有频密的交往。在上世纪 90 年代，多次聆听他的教诲、点拨。

我本人是在中国改革开放的一条战线，就是我们的国有企业改革开放的这样一个过程中打拼。时时都会有很多困惑，遇到很多挑战、很多困难、很多问题，我会形成一些疑惑。这些疑惑不仅是那些具体的问题，而可能是对国家民族，包括人生，一些方向上的思考。南师以他精深的学养，和他那种远大的精神的感化，使我得到多次的点拨，我对南师充满了崇敬。所以，今天有这个机会，我以非常虔诚的心情，来参加南师五周年忌辰的纪念活动。

我最后一次见南师，是 2011 年 6 月 26 日。那时我早已从光大（在香港常驻）转到中信集团担任总经理，后来担任董事长，常年在北京。到 2010 年底，我就离职了，2011 年就来太湖大学堂看望南师。他一见面就拥抱我，然后就调侃说："哎，你孔丹为什么不来看我？是不是对我有意见？"

我连忙说："不敢、不敢、不敢，我实在是俗务缠身，在尘世中打拼，脱不开身。特别是，我向您报告，我曾经几乎有灭顶之灾，我们中信集团在香港中信泰富的一个衍生产品，在一次危机中，一次损失了 153 亿港币，这对于中信集团，对于我个人，作为董事长，是极大的挑战。真正是俗务缠身，没能够有机会来看望您。"

那一次他对我特别关心，他说我看你很好，你离开现职，现在看你的气色各方面都很好，精神也好。我希望你，可以养生了，可以在生命科学方面做一些探索了。一直以来，看你没有这方面的倾向，我现在教你从基础开始吧。然后他让宏忍大师教我们打坐，我们一行数人，让她带我们。其后还带着他的弟子们和我们一起，在暮色中大声唱诵。我才特别理解，他屡次强调的，就是刚才朱校长说的，要破除对宗教的迷信，因为最根本的是他告诉你的那些道理，要遵循那些道理。

他还跟我说，希望我在这里小住几日。可是我正好有一点事情，我就跟南师说，相约下一次来看他，我一定住上几天。脱开现职了，可以有机会在他身边，听取他的教导、点拨。但是，没想到他老人家第二年就驾鹤西去……

今天，故地重游，我想起他曾经多次鼓励我，亲笔断写了辛弃疾的《破阵子》词来激励我："醉里挑灯看剑，梦回吹角连营。了却君王天下事，赢得生前死后名，可怜白发生！"他断写并改了一字，"身后"改为"死后"，让我除却那种烦恼悲切的心态，为国效力，要发扬那种家国情怀。

所以，今天我很荣幸到这里致辞，以万分崇敬的心情，纪念南师。希望南师的精神和学问，在我们中国人实现"两个百年"目标的过程中，能够发扬光大！

谢谢！

张连珍致辞

（十二届全国政协教科文卫体委员会副主任、江苏省政协原主席）

尊敬的胡德平部长，朱清时院士、会长，孔丹董事长，李光富会长，陈知庶司令，各位专家，各位教授，各位朋友们：

大家上午好！

南老已驾鹤西游五周年，他老人家的音容笑貌犹在眼前。有时我还梦见坐在他的桌子旁，聆听他的谆谆教诲。有时在拜读他的著作时，就好似和他老人家亲切交谈。南老博古通今，上下五千年，都付笑谈中。每次和南老交谈请教的时候，看他的书的时候，我都觉得，对我们是精神的振奋，智慧的启迪，心灵的滋养，文化的自信，真善美的享受。

南老生前，我曾多次向他汇报自己学习《易经》、研读《易经》的体悟。向他请教对六十四卦一些卦辞、爻辞的理解，经常得到他的指教。南老对我讲，《易经》当中，谦卦最好。谦卦的六爻皆吉，没有凶。谦卦由两个卦组成，上面坤卦代表大地，下面艮卦代表山，叫地山谦卦，是第十五卦，在同人卦、大有卦后面。同人卦主要是讲人与人的关系，讲团结。大有讲财富的占有，有了以后要谦虚。地山谦，地在上面，山在下面。山最高了，却在平地的下面，你看多谦虚呀！这么高的山，在平地下面。平地呢，又在山顶上。谦卦的道理就是这样，人到了最高处，一定要平实，不要以为自己高。高，要能下才好！上到高处下不来了，那也不行。山顶上面是平地，意思就是最高处应该是最平凡的。最平凡，最谦恭的，就是谦卦。万事退一步叫谦，让一步叫谦，不傲慢叫谦。这使我进一步领悟到，做人要谦虚，谦让，平实，低调。

我还跟南老说，有水平有本事的人，要低调。如果有水平有本事的人不低调，容易跑调。没水平的人，就要提高水平。人还要当仁不让，不违反法制。当然，当仁不让是处仁的时候，"仁"在的时候才当仁不让。南老鼓励我说：你说的也有道理，你是真学《易经》的。

今天呢，我们缅怀南老，纪念南老，就是要向南老学习。

　　我觉得，学习他这么几个方面，想来想去，写了几条。

　　学习南老热爱祖国。南老关心祖国统一，振兴中华大业，一生致力于传承弘扬中华优秀传统文化。以九十多岁高龄，奔走四方，建立学堂，讲解、传授、弘扬优秀传统文化，不遗余力，感人至深，催人奋进。

　　学习南老终身学习的精神。南老读书数十万卷，我看他在好多书上都有眉批。对儒释道，有精深造诣，兼通诸子百家。诗词曲赋，医学养生，天文地理等学，南老都有很深的见解。南老对西方文化，也有深刻的了解，学贯中西，著作等身。

　　他老人家经常讲三句话：读万卷书，行万里路，交一万个朋友。前两句是司马迁讲的。南老说，根据他的经验，还要加一句：交一万个朋友。各行各业的很多朋友都要认识，这样才能够真正了解人生。

　　我的理解，打交道，要广交朋友；深交，要选择。我跟南老说，"平易近人"，要加一个字——平易近好人。有时近了坏人，要把你拖下水呀！南老就笑了。

　　南老给我们讲这么多道理，这是多么深邃的人生经验，使我感悟良多，受益匪浅。

　　学习南老增进和谐健康。南老生前十分重视社会和谐、人的道德修养和身心健康。南老在医学方面、养生方面，也有精深造诣。我认真研读了他的《我说参同契》。《参同契》是汉代的火龙真人魏伯阳写的，我们道教协会的李会长是很有研究的。《我说参同契》上中下三册，我觉得讲得非常好。我反复研读了他讲述的《孟子与公孙丑》，我觉得有些篇章特别精彩，特别深刻。比如"修养哲学上的辩证""从心所欲不动心""养气功夫""理气不二论""浩然之气""心气一贯""志气与养心""平心静气""孟子养气心法"等章节。我反复地研读思考，与《黄帝内经》结合起来学习，力求深入其中的真义和精神。

我请教南老，我说：南老您能不能用最简要的语言点拨我一下，什么叫和谐？因为我们现在强调人与社会的和谐，人与人的和谐，人与自然的和谐，还有身心的和谐。什么叫和谐？他说：四个字——心平气和，你真做到这四个字，什么都和谐了。"心平气和"，真是深入浅出，精辟深刻。

南老，是长者！

南老，是智者！

南老，是大师！

南老，我们永远怀念您！

谢谢大家！

李光富致辞

（中国道教协会会长）

尊敬的各位领导，各位善信大德，各位朋友：

大家上午好！今天我们齐聚在美丽的太湖之滨，也是南怀瑾大师晚年居住地江苏苏州吴江区，共同纪念南怀瑾先生仙逝五周年，追思南怀瑾先生为弘扬中华传统文化、接续中华民族文脉努力奋斗的一生。在此，我谨代表中国道教协会对南怀瑾先生表示深刻怀念，对南怀瑾学术研究会为弘扬南怀瑾先生的文化遗产所做出的不懈努力和对本次活动的精心筹办，表示崇高的敬意！

南怀瑾先生是一位享誉中外的国学大师，也是著名的文学家、教育家、诗人，还是个当之无愧的传奇人物。他知识渊博、学贯中西、融合三教、著作等身。丰富的人生经历和社会阅历，使他对中华优秀传统文化的主体——儒、释、道三家文化理解深刻、融会贯通，在出世与入世间从容出入。他的影响力，不局限于对中国传统文化的研究者，更遍及普通大众。正因如此，他的书可风向四方，不仅被学术界奉为圭臬，普通人读了也会手不释卷。他的著作不仅深受中国人的喜爱，更是风靡全球，许多作品被翻译成多种语言流通世界各地。

2006年，我有缘在太湖大学堂亲耳聆听了南怀瑾先生的教诲。他的学问不受学术规范的束缚，也不受学术流派的限制，但总是能够抓到问题的要害。他讲课论事，总是信手拈来、左右逢源；其言谈方式，更是不拘一格，或旁征博引、引经据典，或做一个形象比喻，或引用一个故事娓娓道来，总是让人感到不知不觉中水到渠成、道理自明。尽管接触时间有限，但先生的风采至今让我难忘。

今天我们纪念南怀瑾先生，不仅要追思他的生平和历史贡献，更要继承先生的文化思想和宝贵精神，为实现中华优秀传统文化的当代复兴和中华民族伟大复兴的中国梦而不懈奋斗。

——我们要学习和继承南怀瑾先生坚定文化自信、传承中华文脉的历史使命。南怀瑾先生的一个重要贡献，就是为接续中华优秀传统文化的命脉做出不懈努力。近代中国的落后，不仅引起了列强对中国的瓜分掠夺，同时也使中国人对根植于传统社会的传统文化失去了信心。曾经在古代占有重要地位的儒释道文化，被所谓"社会精英"批判为封建糟粕，甚至是中国落后的根源，弃之如敝屣。就拿道教来说，就被当作封建迷信、迷惑人心的旧事物。但正是有南怀瑾大师等有着长远眼光、博大胸怀的人，主动承担起接续中华优秀传统文化的重任，在继承和贯通的基础上，重新审视和发现传统文化的时代价值，才有了传统文化的当代复兴。他曾说："一个国家，一个民族，最可怕的是自己的根本文化亡掉了，如果文化亡掉了就会万劫不复，永远不会翻身。"他还形象比喻："道家是药店，不生病可以不去，生了病则非去不可。生病就好比变乱时期，要想拨乱反正，就非要研究道家不可。国家民族生病，非去这个药店不可。"

作为中华优秀传统文化的继承者、守护者和弘扬者，我们道教界学习和继承南怀瑾先生的精神，一方面就是要进一步坚定文化自信，坚信神仙祖师留给我们的宝贵遗产，能够如同习近平总书记所说"跨越时空、超越国度，富有永恒魅力"。另一方面，也需要我们承担起神圣使命，结合时代发展和社会进步，开展《中华续道藏》、道教教义思想体系现代建构等重点文化工程，让道教优秀文化传承有序、重焕光辉，为国家、民族、社会做出更多贡献。

——我们要学习和继承南怀瑾先生与时俱进、与时偕行的精神境界。南怀瑾先生的重要贡献，就在于他推动了传统文化的普及化和大众化，进一步推动传统文化从纸面走向生活，从精英走向大众。以他的《中国道教发展史略》为例，书中对道教的学术渊源，道教的建立、成长、扩张和演变，以及道家的研究情况等，都做了简练且系统的叙述，将道教的发展脉络梳理得简易清晰、浅显易懂，对高深的哲学问题论述深入浅出，广为教内外人士接受。

道教界学习和继承南怀瑾先生的精神，就要将道教文化做出创新性发展和创造性转化，在内容内涵、表现形式、传播方式等方面做出探索和创新，让社会各界认识到，传统的道教文化不只是存于故纸堆中、博物馆内、宫观殿堂的文化符号，也不是食古不化、因循守旧、自我封闭的文化体系，而是不断与时俱进、具有鲜活当代价值的宗教信仰、文化精髓和生活方式。

——我们要学习和继承南怀瑾先生虚怀若谷、有容乃大的崇高风范。南怀瑾先生在每一次演讲中，都先讲自己"一无所成""一无是处"，永远将自己摆在一个始终保持学习态度的位置。有人评价他是"佛心、道骨、儒表"的楷模，他保持着上善若水、利万物而低处流的谦卑，能圆能方的处世态度，可上可下的能耐，亦柔亦刚的品性，自净去污、功成心退的风骨。南怀瑾先生这种风范，与道家精神一脉相承，展现了高风亮节和精神品质。也正是如此，南怀瑾先生才在治学、修身、处世等各方面取得辉煌成就，成为一代国学大师。

我们道教界学习和继承南怀瑾先生的精神，就是要继续和发扬上善若水、虚怀若谷、恬淡为上、胜而不美的优良传统，不为利益所惑，不为虚名所困，不为杂念所扰，将全部精力都投入到修身养性、弘道利生、佐国佑民的正道中来，用自己的实际行动，为国家富强、民族复兴和世界和谐做出应有贡献。

总而言之，南先生的精神遗产是朴素且丰富的、简单又多元的。今天我们在先生最后的居住地，共同缅怀先生，学习南先生的文化精神，传承南先生的宝贵品格，具有十分重要的现实意义。希望南怀瑾学术研究会能够以举办本次活动为契机，更好地继承和发扬先生的精神文化遗产，为实现两个一百年的奋斗目标和实现中华民族伟大复兴的中国梦贡献更多的智慧和力量！

最后预祝活动圆满成功。祝在座各位身心康泰、吉祥如意、福生无量！

谢谢大家！

陈知庶致辞

（驻港部队原副司令员、甘肃省委原常委、甘肃省军区原司令员）

尊敬的各位：

大家好！

时光如梭，南老师已离开我们有五年了。今天我们相聚于此，共同缅怀老师。我想，在座的每一位来宾都有许多话要讲。

我是步入中年之际，与南老师相识的。1994 年，我在香港参加中英联合联络小组防务交接谈判的时候，有幸认识了老师。此后多年来，一直受到老师的教诲。可能因为老师有过从军的经历，所以对我的教诲，更具有针对性。他老人家的音容笑貌、为人处世、学问思想、言传身教，让我没齿难忘。

南老师一生最关心两件事——世上苍生架上书。

南老师垂怜苍生之苦厄，一生经世致用普度众生。他曾说："忧患千千结，山河寸寸心。谋身与谋国，谁解此时情。"他将国运系于身心，以大乘精神入世，在民族蒙难之际锐意救国。南老师"此身不上如来座"，缘于"收拾河山亦要人"。

我相信，凡是耳濡目染老师思想的学生们，一定会秉承老师的思想，践行老师的精神。

南老师最担心文化断层。为此，他忧患之至。"空王观自在，相对不眠人。"王朝可以有起伏，但文化亡了，就永远不能翻身。文化是民族之魂，是民族之根。老师倾其一生将儒释道融会贯通，荡涤文化之风尘，开启显密之封印，承上启下，传道授业。

我们都是南老师传承文化的受益者。我相信，秉承南老师的心愿，后继有人。

南老师，华枝春满，天心月圆。

南老师，思想永存。

南老师从未离开我们。

谢谢诸位！

易智峻致辞

（国家开发银行原顾问、原国务院政策研究室办公室主任）

各位领导、各位来宾、同志们、朋友们、同学们：

大家好！

在南老逝世五周年纪念活动时刻，我更加深切怀念敬爱的南怀瑾老师。20多年来，我曾有幸多次见到南老，聆听他的亲切教诲，听他讲课，我也经常阅读他的著作和文章。他的思想和文化精神，对我的教化很深，使我受益无穷。下面我简要讲几点学习体会和感悟。

一、要修建一条通往人心的大道。

关于修建金温铁路得到的启示。从上世纪90年代初，在南老的努力下，经过国家有关部门和浙江省及铁路沿线人们的支持，克服了许多困难，用了六年的时间，全国第一条股份制铁路（金温铁路）终于修好了。

记得 1998 年夏天，我有机会去看望南老。南老讲，铁路是修好了，现在看来修一条物质的路是不容易的，修一条通往人心的大道更难了！当时他讲这席话时，我想的比较简单，仅仅理解为铁路的项目审批、资金筹集，老百姓的搬迁，施工、运营等方面的一些具体问题。其实南老所指的绝非这些物质方面看得见的东西，而指的是精神、觉悟、文化理念层面的东西。这正如习近平主席形象指出的："当高楼大厦在我国大地上遍地林立时，中华民族的精神大厦也应该巍然耸立。"这就要求我们，既要不断地丰富物质财富，也要不断丰富精神财富。在我们实现民族复兴进程中，既需要强大的物质力量，更需要强大的精神力量。

今天，我们大搞现代化建设，各项事业发展都很快，我更加感受到南老的教导很有现实意义。他告诫我们，不要单纯去追求物质建设，要把思想觉悟建设、道德建设、文化建设和生态文明建设与物质建设同步考虑，并通过精神文明建设推动物质文明建设，最终真正修建一条通往人心的大道。

二、南老是一位当代具有崇高理想信念、与时俱进的国学大师。

早在 2003 年，南老与彼得·圣吉关于禅、生命和认知对话时，他讲到他的崇高理念，他说：我提出来四句话，"共产主义的理想、社会主义的福利、资本主义的管理、中国文化的精神"。在上世纪末本世纪初，南老就明确提出这个宏伟的理念构想，我想这是他经过长期思考，也经过国外考察、调研，深入社会实践后，探索世界各国，特别是中国在治理国家和社会发展过程中碰到的各种问题，总结了历史经验和教训后，提出来的。

在当今经济全球化的浪潮中，人类社会要建立命运共同体，走和平发展、合作、共赢的道路，就一定要处理好以上"四句话"的关系。它告诉我们以下几个道理：一是人类社会的发展，各个国家、各个民族都要有伟大的理想，有理想才有信仰，有信仰才有支撑和担当；二是人类社会发展进程中，各个国家有权选择自己的发展道路，但一定要从国情、从实际出发，正确处理好社会主义和资本主义之间的关系问题；三是人类社会的发展与进步，一定要有海纳百川的胸怀，要把人类优秀的传统、东西方文化的经典精神，学习好、结合好、传承好，要结合本国国情，融会贯通。只有这样，才能建设好各自的国家，形成人类命运共同体，走向大同世界。

当前根据世情和中国国情，我们坚定走建设中国特色社会主义现代化道路，在开启全面建设社会主义现代化新征程中，就是要抓好理想信念建设，我们中华民族才能同心同德，人民有信仰，民族才有希望，国家才有力量，中国才不会受别国欺负，中华民族才能屹立于世界民族之林。

所以南老不仅仅是一位国学文化泰斗，而且还是一位有着崇高理想的思想家、一位与时俱进的导师。他为我们做了表率，作为他的学生，更要为实现这一崇高理想而奋斗不息。

三、寻根，实现中国梦。

通过学习南老的著述和他的思想文化精神，我对中华民族优秀的传统文化有了更深的领悟和认识。特别是近年来，阅读了南老一系列著作，回想起他老人家的亲切教导，很自然地让我们寻到了中国文化的根。只有这样才能更好地在习近平主席领导下，奋发努力，早日实现中华民族伟大复兴的中国梦。

最后我有个想法，为了更好地学习、宣传南老的思想和文化精神，让更多的同志朋友，特别是年青一代多读南老的书，把优秀的中华传统文化传承好，并发扬光大，让中华民族基因在全体人民心中生根发芽，我建议要在南怀瑾学术研究会的基础上，专门组织相关人员深入探索、研究南老的思想和文化精神，不断挖掘和总结，让传统的中国优秀文化，进一步发扬光大，为中华民族的伟大复兴，发挥更大的光和热。

　　以上，因时间关系，仅是一点学习的体悟，很浅薄，不妥之处，敬请各位批评教正。

郑宇民致辞

（浙商总会党委书记、创会秘书长，浙江省政府前党组成员）

尊敬的各位领导、各位师长、各位同学：

南老离开我们五周年了。

这五年来，我们思念南老的心情，与年俱增，与日俱增，与时俱增。

我始终觉得，南老并没有离开我们。南老在一个我们还没有认知的领域里，在一个我们还不能到达的空间中，我们看不到他，他能看到我们；我们触摸不到他，他变成风，抚摸着我们；他变成水，浸润着我们；他变成阳光，温暖着我们。

我非常相信列子所说的，死者，归也——归根，归静，归常，归向；我非常相信他所说的，在这个世界上，有许许多多的多维空间同时存在，只要你信息充分，就可以穿越。

我，追寻南老，我始终认为，南老还在。

我去南老生前信息最集中的地方，去寻找南老。

我去玛瑙寺。玛瑙寺，是南老曾经习武的地方。我没有找见南老。在苍茫的、夕阳斜照的宝石山下的山道上，我"看见"拄杖芒鞋的南老，匆匆而过。

我去灵峰寻找南老。这里是南老教学的地方，没有找见南老。我看到南老留下来的当年的诗句——记取灵峰峰上色，风尘何日鹤归来？

我又去中印庵寻找南老。中印庵的上上下下我都很熟悉，楼上楼下、当年南老闭关的那个小房间，我都去搜寻，我想找到南老的一丝丝信息。中印庵的老和尚叫定兴，他告诉我，南老就在他的斋房里。我去他的斋房，看见南老的相片挂在墙上。定兴和尚当时还不知道南老已经去世，他不知道南老离开我们了。三天以后，定兴和尚打电话告诉我说，早上有一个小孩子来告诉他，南老已经走了。再过一个礼拜，他打电话告诉我，要我帮助联系一个医院。我帮定兴和尚联系到浙江医院，二十天以后，定兴和尚再也没有从那里出来。

我去四川的文殊院寻找南老。那次出差，飞机晚点，凌晨一点我到了四川，出租车把我拉进一个民宿。那天晚上我就没有好好睡觉，我梦见了南老，我梦见南老给我们讲课，梦见了南老给我们讲"喜怒哀乐之未发，谓之中"，清清楚楚地告诉我们，讲这个"中"的时候是用河南话讲的。第二天清晨醒来，我发现我住的这个民宿就在文殊院边上，我打电话给宗性法师，宗性法师在北京。我知道文殊院是南老舍利子存放的地方。

我一直在苦苦地追寻南老。后来，我跟南国熙经常相聚在一起。在跟南老相识的十几年当中，我从来没有见过南国熙；南老走以后五年里面，我十几次跟国熙相聚在一起。我始终认为，国熙就是南老；我始终认为，我要找的南老就是国熙。后来国熙告诉我，他不是南老，他也在苦苦地追寻南老。

南老生前，国熙没有感觉到父亲的伟大。父亲离开以后，国熙知道，他有这么一个伟大的父亲。国熙非常地深沉，非常地沉闷，一度非常地痛苦，他要整理有形的南老的财富，还要走进无形的南老的精神世界。

我跟国熙讲，我们都是南老的孩子，南老就是把我们天下人当作子女。国熙，我一次次见他，他一次比一次消瘦，他说，衣带渐宽终不悔。他就是为了继承，为了寻找……

我这次到吴江来，也是为了寻找南老。今天上午的大会，我见到了朱清时校长，见到了胡德平部长，见到了张连珍主席，见到了孔丹董事长，见到了陈知庶将军，见到了宗性法师，见到了存辉，见到了国熙……我突然发现，我要寻找的南老，就在我们每一个身上……

南老给我们教育、传承的文化基因，在我们每个人身上；南老给我们传递的人文细胞，就在我们身上。如果我们把这些文化基因结合在一起，就是一个南老。如果我们精心呵护这个人文细胞，把它培育，发扬光大，就是一个个南老！

南老是中国传统人文的集合体，也是中国传统文化的散播体；南老是中国传统文化的一个特殊吸收体，同时也是一个中国文化的繁衍体。

南老的伟大贡献，在于他在我们这个伟大的时代——进行了一次伟大的变革，特殊的转型时期——把中国传统文化做现代的表达，他能够把我们五千年的中华文明做全球化的国际表达，这是任何人迄今为止，还没有能够做到的。南老做到了，这就是他的伟大之处。

我非常荣幸今天在这里找到"南老"！

南老永生！这个生，是生生！生之所生者死也，而生生的机制不息，生生终进！

南老永远在我们心中！

谢谢大家！

分享篇

2017 年 9 月 29 日下午，南怀瑾学术研究会主办的"认知生命——第五届太湖国学讲坛"在太湖大讲堂举行。本篇收录该讲坛的嘉宾致辞和专家报告。

在第五届太湖国学讲坛的致辞

肖仲伟

（苏州市吴江区委统战部常务副部长、吴江政协副主席）

尊敬的各位领导、各位来宾、各位朋友：

大家上午好！今天是国学大师南怀瑾先生逝世五周年纪念日，也是我们第五届太湖国学讲坛开讲的日子。各位领导、各位宾朋在国庆、中秋佳节即将来临之际，百忙中聚集在美丽的太湖之畔——吴江七都，让我们备感荣幸！从昨天在接待张主席、胡部长、朱校长、陈将军等领导嘉宾时的交流中，从刚才聆听到的几位师长的演讲中，我们切实感受到了大家对南老师的一片深情，感受到了大家对传承国学经典、弘扬优秀传统文化的殷切期盼和责任担当，也感受到了大家对吴江、对七都的厚爱，这些都使我们非常感动。在此，受区领导的委托，我谨代表吴江区，对各位领导、各位来宾莅临吴江表示诚挚的欢迎！

　　太湖国学讲坛今年是连续第五年举办。南怀瑾先生毕生致力于中华优秀传统文化的传承和弘扬，与吴江七都结缘后，对七都、对吴江也产生了重大影响，成为七都以及整个吴江重要的文化名片。国学也在潜移默化中改变着吴江、七都的气质，在润物无声中丰富着吴江、七都的文化。连续四年成功举办太湖国学讲坛并将历届讲坛精华整理出版"太湖国学讲坛系列丛书"，打响了"太湖国学"品牌，在国内外均引起广泛的关注。特别是今年七都镇成功获批全国第二批特色小镇——太湖国学音乐小镇，昨天刚刚举行了授牌仪式，可喜可贺！我们衷心期待七都镇以此为契机，在国学音乐方面，多树品牌、做好品牌、做亮品牌，为不断提高吴江文化整体发展水平发挥好示范作用，以不辜负南怀瑾先生和大家对我们的期望。

　　大家都了解，吴江地处吴头越尾，历史悠久，文化底蕴深厚，自然环境优美，经济社会繁荣。七都作为吴江沿太湖南端的一个镇，有"中国光电缆之都"的美誉。过去几年，七都镇和我们吴江其他各地一样，在经济、社会、文化等各个方面都取得了快速的发展。但是我们也深知，我们在许多地方还存在着不足，尤其是在传承弘扬优秀国学文化方面还有许多缺失，今天莅临七都的领导、宾朋都是这一领域的专家，我们期待大家在吴江、在七都逗留期间，多给我们提出宝贵意见，以便我们把吴江、把七都各方面工作做得更好。

本届讲坛的主题是"认知生命"，邀请到了海峡两岸多名资深专家学者主讲，相信专家学者的讲解，一定能帮助我们更好地了解古今中外对于生命是如何认知的，从不同的角度探寻对于健康文化的理解，是一次难得的生命文化之旅。

最后，预祝本届太湖国学讲坛活动取得圆满成功！祝各位领导、各位嘉宾、各位朋友身体健康、工作顺利！并提前祝大家国庆、中秋佳节节日快乐、阖家幸福！

谢谢大家！

生命再造

宗性法师

（中国佛教协会驻会副会长、中国佛学院常务副院长、成都文殊院方丈）

各位嘉宾，各位与会的先进和贤达，各位朋友们：

大家午安！

月到中秋分外明，太湖共抒怀师情。大家今天到这个地方来聚会，主要都是因为跟南怀瑾先生的这个缘分，一起来纪念南师，来共同沿着南师生前关注的一些学术领域，共同来探讨。

组织这次活动非常不容易，按照这个会议的安排，今天上午有不少的嘉宾都要发言。那么前边这个发言的时间呢，因为大家很多都亲近过南先生，都有很多心里话要表达，并且前面我觉得很多嘉宾把我们要表达的情怀，都已经讲得非常完美和圆满了。按照这个安排呢，原来给我的时间是十点二十到十一点，但是现在我看已经十一点五分了。我又发现下一位要讲的嘉宾，是十一点二十到十二点。所以我现在给大家要讲的这个二十分钟，就是茶歇的时间，所以各位不一定听我讲，你就当在茶歇一样。

前面各位嘉宾都讲了很多追随南师学习的心得和体会。我在下面聆听完以后哇，觉得很惭愧，内心里面有个感受，就是各位嘉宾上午前面的演讲，犹如农夫山泉，我下面要讲的顶多算自来水，还带渣滓的。这次这个会的主题呀，叫"认知生命"，我尽量在十一点二十之前把我要表达的要点给大家做一个分享，把后面的四十分钟的时间，留给下一位嘉宾，为了不影响大家吃中午饭。因为，这个生命你再怎么认知去认知来，没有比吃饭更重要的事儿。古人讲，"民以食为天"，如果谁敢耽误大家吃饭，这就是罪过了，所以为了罪过不留给后面的人，我就缩短我的时间。

那么，认知生命这个主题呀，当时定的时候大家也商量过，这实际上是一个大的领域，是一个大的课题，但是每个人可以从不同的角度、不同的文化、不同的思维去走进认知生命的世界。我觉得今天可能更多地从学术这个层面去探讨这个题目。

今天我发现整个社会呀，很多人都很关注生命，但是，今天普通老百姓关注生命，他不去关注生命的本体或本质，更多的是关注生命的现象。因此，大家关注生命，最常用的方式，就是算命。

我曾经去乘飞机的时候，有一个乘务员，她一直追着我，说："大师呀，我找你有点事儿呀！"我说："啥事儿，你天天在这个飞机上服务好，别坠机就行了。"她说："不行啊，我碰到你一次不容易。"那我说："你说吧，有什么事？"她说："你会算命不？"我说："我不会。"她说："人家讲的，大师都会算命。"哎呀，我一听这话就不好往下说，那我说："你讲吧。"她就讲，她讲了半天，生辰八字一报，我说："你命挺好的。"她说："你还没看呢！"我说："我怎么没看呢，你都上天了，命还不好，谁还比你好哇！"她后来再也不找我了。

所以，我的个人的看法是什么呢？今天的人们，很多用算命的方式来关注生命，我觉得这个需要改变。算去算来，没有用的，还得自己努力。所以我后来也送给她一句话，我说我这个"大师"呀不是算命的大师，我把我自己叫什么呢，认命的大师。当然，首先哪，我觉得也不是什么大师，因为她在飞机上要加一个"大师"，我就没办法，顺着她这个路就去了。所以我呢，顶多只是一个认命的人。

那么，为什么呢？首先我就讲，生命这个现象是很奇特的，古往今来，东西方，从哲学从宗教，包括今天的科学，都在探讨这个生命的话题。哲学有哲学的概括，宗教有宗教的说法，科学家有科学家的说法。但是，我个人，是这样看，尽管我目前是一个宗教的身份，但是我也不能说宗教这个结论就可以让所有人共同去接受。但是我觉得，不管是哲学的认知，还是宗教的认知，还是科学的认知，它们都是我们在生命探索这条路上不同的方法和角度，它们至少可以共存，大家可以互相借鉴，而不能用一种方法去否定另一种方法，也不能用一个角度去否定另一个角度，我们可以共同从哲学从宗教从科学的角度来一起探讨，生命这一个奇妙的世界。

因此，我第一个想跟各位分享一下的是，不用总是关注生命的现象，而要关注生命的本体。因为，我们儒家文化里头讲，"物有本末，事有终始，知所先后，则近道矣"，如果我们不能知道这个生命的根本，总是在生命的现象外面转，我们很多时候，容易迷失方向。特别是今天，这个转型期的时代或者社会。因为这一百多年来，整个国家和民族走过很多曲折的道路。所幸的是，我们现在这三十年，我们国家和民族已经取得了非常大的成就，大家物质生活条件都非常好了，对外部世界的认知好像比较充分，可以上月球去，可以下海底里面去。但是呢，我感觉今天我们一个最大的问题，就是唯独认识自己的方法不够，包括认识自己本来生命的根儿也不够，因此就造成我们大家今天在物质条件的冲击下，容易浮躁，容易没有方向，甚至有时候没有安全感。

为什么我理解大家会去算命呢？因为他不知道未来的路在哪个地方。所以，《西游记》里的那个话，也是大家去算命最常用的话，"敢问路在何方"，他找不到，所以去找人给我指一条路吧，路对不对至少它是个安慰。但是我不提倡这种方法，我是说，我们生命的现象是各式各样的，不同的人都有不同的生命存在。但是，实际上我们生命的背后一定有一个生命的主体，我只能用这个词来概括，因为要讲起来这个问题太复杂。

打个比方。大家都知道，佛教里面有位菩萨叫观音菩萨，观音菩萨那个龛前呢，一般都会挂一个对联，"千江有水千江月，万里无云万里天"。那么这个"千江有水千江月"的比方呢，比如说，像我们原来开过一个关于观音菩萨的研讨会，那个会上，我看就开始吵了，有人说观音菩萨是男的，他说：你看，那个敦煌的观音菩萨他都有胡子，谁见过女的长胡子呀，他不是男的是什么呢？但有的人说：观音菩萨是女的，你看现在看的那个，每个观音菩萨都戴项链呐，披个那个纱巾呐，那不都是女的相吗？是吧！有的还在那儿说：观音菩萨是我们这儿的。最近，有个地方说是观音故里，还开论证会让我去讨论，我死活都不敢去。为啥？我说我不是公安局，不发身份证，是吧，菩萨是没有身份证，没有籍贯的。况且，观音信仰，佛教起源印度，要追溯，这个观音菩萨也是在印度。但是我们现在中国，有的地方也开始讨论，说我这个地方是观音的故里。我一听这话呢，背后是有想法，就是指望着观音菩萨去给他赚钱呢。所以我不阻拦他，但是我一定不赞成这个方法。那我说这个意思是什么呢？其实真正的观音菩萨，按照佛门里面讲，就像那个天上的月亮，就一个，但是，池塘里有月亮的影子，江里有月亮的影子，河里面有月亮的影子，我们所有看到的河里面水里面的月亮，它们都是那个月亮的影子，而不是真正的那个月亮。所以禅宗的教学方法，有一部书叫《指月录》，就是我用这个指头告诉你，月亮在天上，这个指头也只是个方法，你不能停留在这个指头上。所以你要想认识到这个月亮，一定要把水里这个月亮抛弃掉，把告诉你的那个指头抛弃掉，最后你才能认识到那个月亮。

我讲这个比方，想说什么呢？佛教里面讲，真正的观音菩萨是十方法界都存在。你今天看的男相女相，这都是观音菩萨的化身和化现，并不一定是观音菩萨真正的那个体。那我说这个呢，就是想说，我们人的生命也是，你从生下来到现在，生下来一尺二长，慢慢长到一米，今天长到一米八，你开始的时候皮肤很好，慢慢到了中年的时候皮肤开始有点黄，待到老年的时候长皱纹了，这个生命都在变，但是变的都是现象，它一定有一个生命的支撑，这就像天上的那个月亮一样。

所以我想，我们今天要认识生命的第一步，就是不要被生命的现象所迷惑，一定要通过生命的现象去追溯我们这个生命的源头。我刚才用了一个词儿，叫生命的"本体"，这也只是个概念，只能用这个概念来描绘它，至于那个后面是什么，是需要离开这个概念，去真正用觉知的那个慧去体会的。

六祖大师告诉我们，那个能够体会的最后的境界是什么呢？如人饮水，冷暖自知。它是不可说的，说出来的描绘出来的都不是那个本原性的东西。

因此，我觉得我们今天在这个物质发达、社会高速发展、外面的世界异彩纷呈的时代里头生活，大家一定不要被这个现象界所迷惑，一定要透过这个现象，去找到安身立命的根本。只有这样，你的人生才有方向，才会有安全感，你的人生也才会有一个正确的轨道。这是第一个我想要和各位分享的。

第二个，生命的"体"和生命的"现象"是什么关系？

首先说生命的现象。我们都知道，佛法对生命的现象有一个基本的判断，就是生老病死。谁都逃不掉的，都在这四个规律里头，有生就必有死，有生就必有老，有生就必有病。

我经常会碰到很多人来问："师父哇，我生病了，怎么办？"我说："我也生病。""我要死怎么办？"我说："我也要死。""生老病死"是多正常的事情啊！这就像一个闪电一样，划过长空，就是一个现象。

佛法告诉你，这外面的现象的变化并不重要。谁都要存在，但是不同的人，在经历生老病死的时候是不一样的，这就是昨天有人问因果的关系的问题。同样是"因"，但是有些人得果报的时候不一样，有些人的果报极其痛苦和恐怖，有些人的果报，虽然它是一样大的，但是他没有"苦"的感受。那即是说，因，我们都种下了，用什么态度来面对这个果，那我们实际上有主观能动性可以去掌控的。

生老病死，就是我们整个生命的现象。既然我们生命的现象是不可回避的，那我们还不如高高兴兴地生老病死，你干吗跟生老病死发愁呢？所以我的说法就是，开心生活、快乐生活，别自己烦恼自己。是吧，生老病死既然都回避不了，你还不如高兴地接受它。你如果恐惧、逃避，在纠结当中走完这一生，多没质量啊！

所以，我第二点想跟大家讲的就是，虽然我刚才说这个生命的现象都是像闪电一样划过，但是我们让它划过的这道闪电也一定是一道彩虹，而不能只是一个像雷鸣一样吓唬人的。那这个彩虹怎么变成呢？就是我们可以对生老病死坦然地去接受它。所以，金庸的小说叫《笑傲江湖》，我的说法是笑傲生死！让你这个生命的现象更加绚丽吧，你没有必要去回避它。这是第二个我想跟大家分享的。

第三个我想分享的，关于这个生命的"体"呀，佛法里头有很多名词，唯识学里头，也把它叫"阿赖耶"，但我们今天在这儿，都不讲这些概念。我只是讲，实际上这个生命的现象，归根结底，是取决于你往这个生命"体"里头输入什么样的信息，你有什么信息装进去，最后生命就呈现什么样的状态。那么这些信息是怎么存进去的？就是佛教里头告诉你，身口意，就是你的语言、你的行为、你的思想，你的一言一行一举一动，每一样，最后都会形成一个信息，存进那个信息体里头。最后，这些信息，等条件一成熟，它一定发生作用，一定会产生现象，那个现象就是你后期要承受的。因此，我说，我们今天面对这些生命现象，没关系，那么未来怎么办？我们往里面存什么信息，是可以掌控的。

因此我觉得，我们对待生命的时候哇，就要有主动性。不要光是去算命，算了半天，你自己不努力，你未来的生命的方向是改变不了的，你的生命现象依然还是最低的那个生命在呈现，这不可以的。因此呢，我想给大家一起分享，我们完全可以，比如在我们的说话，我们起心动念，我们的行为，怎么样驱除内心的那些贪嗔痴，驱除你的自私自利。说话，尽量地能够让别人生欢喜心；言谈举止尽量去少伤害别人；起心动念，多去考虑别人的感受。你如果每天能够用这样的方式去净化你的身口意三方面行为的话，我相信，你储存进去的能量一定是善的，一定是美的，一定是真的！如果你储存进去的能量、信息是真善美的，我相信你未来人生的生命现象，也一定是真善美的生命和人生！这是我一贯提倡的，我也是这么践行的。这是我给大家分享的第三个。

第四个，因为原来我看到这个主题叫"认知生命"，我拍脑袋去想了一个叫"生命再造"或者"再造生命"。刚才我跟各位讲的这个原理，其实就是可以让你的生命在现有的基础上，更加脱胎换骨。那么按照佛法讲，生命从大的分，可以有十法界，就是有十大类生命形态。其实在十法界里头画一道分水岭的话，就是两个，"六凡"，就是刚才某先生讲的六道轮回，这是凡夫的生命，在这个里头转。还有"四圣"，四类是圣人的生命。所以，我们能不能够往那一个领域里面跨？在我看来，就是把我们这个凡夫的生命怎么再造，跨入那个领域。

那怎么造呢？就是在这个善业上要多下功夫。刚才我讲这个善业，从身口意三方面。但是这个还是相对的，真正的最后的善，儒家讲"至善"，佛教讲的那个真正的善，是要超越善恶的那个善。所以六祖大师在《坛经》里头，那个慧明去追他的时候，他问："不思善，不思恶，哪个是明上座本来面目？"如果我们还局限在善恶的观念，你的内心一定还不平等。所以常常有些做好事的人，他会很委屈。为什么？你还有善的概念，你会认为那个人做恶事没有得到报应。你干的好事，反倒好像还没有好报，你心里就不平衡。为什么呢？你这个善恶是对立的。当然，处理事情要明辨善恶是非，但如果被善恶是非观念困住而产生了烦恼，那就要解脱这个烦恼。所以真正最高的善是要超越善恶的对立，也就是我们今天南老师写的四个字——天下为公；也就是我们常常讲的，要无我利他，你只有无我，才能超越善恶。

因此我觉得，生命的再造，第一步，由恶变善，就是我们起码可以让我们的恶道的生命往善的方面走。

但是这还不够，怎么让这个善的生命往更上面——至善上面走，从至善往超善上面走，那才是至圣的生命境界。

所以我觉得我们今天来到这个世间，佛法不是讲娑婆世界嘛，什么叫娑婆世界？就是不圆满的世界。把我们这个生命，叫生老病死的生命，为什么？不圆满。没关系，我们今天可以通过文化的熏陶，可以通过修持的功夫，让我们的生命从不圆满走向圆满，让我们的世界从有缺陷走向圆满。

那如何走向圆满？

根本的方法——诸恶莫作，众善奉行，自净其意，是诸佛教。

谢谢各位！

中医药在当代的价值与作用

——中国传统文化对生命的认知

陈凯先

（中科院院士、上海中医药大学前校长）

各位嘉宾、各位领导、各位专家、各位同道、各位老师、各位同学：

大家上午好！

今天我参加纪念南怀瑾先生逝世五周年的活动，很有感触。我感觉到，南怀瑾先生，他的贡献、他的努力，对于我们当代建设一个理想的社会，传承我们中华民族的文化命脉，实现我们祖国的统一和"两个一百年"中华民族伟大复兴的宏伟目标，可以讲都具有非常积极的作用，所以我觉得今天的这个活动非常有意义。

今天会议的主题是"认知生命"，吕松涛先生会前跟我联系，要我来做这方面的发言，我心里有很大的顾虑。前面听了宗性法师的报告，我觉得还是很有启发的，但我是不可能用这样的角度来谈了。因为我自己的学习、这方面的认识可能还是不够的。我长期在生命科学、药物科学这个领域做一些研究工作，所以我想换一个角度，从一个科研工作者的视角来谈一谈，就是从中国传统文化和医学发展的角度来看对生命现象的认识，主要是结合对中医药的认识来谈。谈的可能不对，不当之处请大家批评指正。其实我内心非常忐忑，担心这个报告可能是"班门弄斧"，因为我本人并没有在中医药这个领域长期学习和积累的经历，我是在中国科学院药物研究所工作的，后来有一段时间到上海中医药大学工作，担任校长，其间对中医药有一些接触、有一些认识。

我想从以下几个方面和大家做一些交流。

一、中医药学的特色和优势

第一个方面，我想讲一讲中医药学的特色和优势。这和我们从中国传统文化的角度来认识、理解生命现象有密切的关系，但是我理解的深度可能还是不够的。

（一）中医药学的产生和发展

下图表达的就是中医药学产生和发展的历程。中医在过去的岁月里，为中国人的医疗和养生保健做出了不可磨灭的贡献，现在仍然发挥着重要作用。

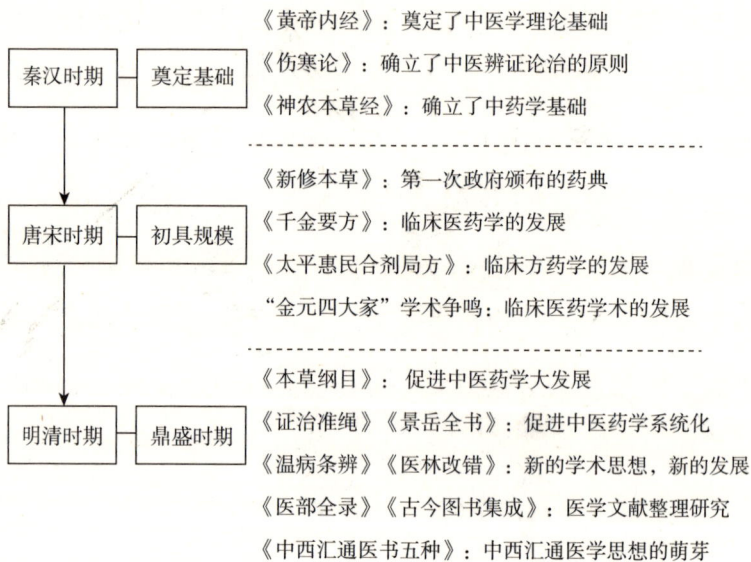

秦汉时期 → 奠定基础	《黄帝内经》：奠定了中医学理论基础	
	《伤寒论》：确立了中医辨证论治的原则	
	《神农本草经》：确立了中药学基础	
唐宋时期 → 初具规模	《新修本草》：第一次政府颁布的药典	
	《千金要方》：临床医药学的发展	
	《太平惠民合剂局方》：临床方药学的发展	
	"金元四大家"学术争鸣：临床医药学术的发展	
明清时期 → 鼎盛时期	《本草纲目》：促进中医药学大发展	
	《证治准绳》《景岳全书》：促进中医药学系统化	
	《温病条辨》《医林改错》：新的学术思想，新的发展	
	《医部全录》《古今图书集成》：医学文献整理研究	
	《中西汇通医书五种》：中西汇通医学思想的萌芽	

从秦汉时期、唐宋时期到明清时期，中医药学经历了"奠定基础—初具规模—鼎盛发展"这样一个过程，在每一个时期都有它代表性的医学著作、代表性的医学成就和代表性的医学家，构成了一个在传统文化土壤里滋生发展的医学体系。

（二）中医药学创造的"世界第一"

中医药学创造了很多世界第一，为中国人民的健康，甚至可以讲对全人类的健康都有重大的贡献。我举的这些例子都是世界第一，虽然中医药学诞生、发展在中国，但是这些成就都是人类医学发展史上的重大贡献。

东汉末年医学家华佗，他用麻沸散（从植物中提取出来）进行麻醉，从而可以进行全身的手术，这可以讲是世界医学史上的第一次。

晋代的葛洪有一本非常有名的著作叫《肘后备急方》。两年前，屠呦呦教授用青蒿素治疗疟疾获得诺贝尔奖这样一个重大成就，也是源自葛洪《肘后备急方》里的记载。除此之外，他还用海藻来治瘿，这是世界上最早提出来用含碘的食物来治疗甲状腺疾病的例子，医学上至今还遵循这样一个治疗原则。他还提出可以将狂犬（疯狗）的脑组织涂敷在被狂犬咬伤的伤口上来治疗狂犬病，开创了用免疫法治疗狂犬病的先河。直到 1885 年，法国的巴斯德才发明了狂犬疫苗。中国这样一个最早的探索，要比西方早了1600 年。还有南北朝时期的龚庆宣用水银膏治疗皮肤病，比其他国家早 6 个世纪。

唐代的孙思邈，他用手法整复下颌关节脱位，今天西医用的办法跟这个也是一致的。他还用大葱的葱管来导尿，这比法国发明橡皮管导尿早了 1200 多年。

唐代的王焘，用针灸的针作为手术器具来治疗白内障。金元时期的危亦林，他的《世医得效方》对伤科发展有重大贡献，他对脊柱的骨折采用了悬吊复位的办法。大家可以看到，让病人躺在床上，然后用绳子来拉他的脚，从而将他的脊柱拉伸，这个基本的思路到今天还在沿用。

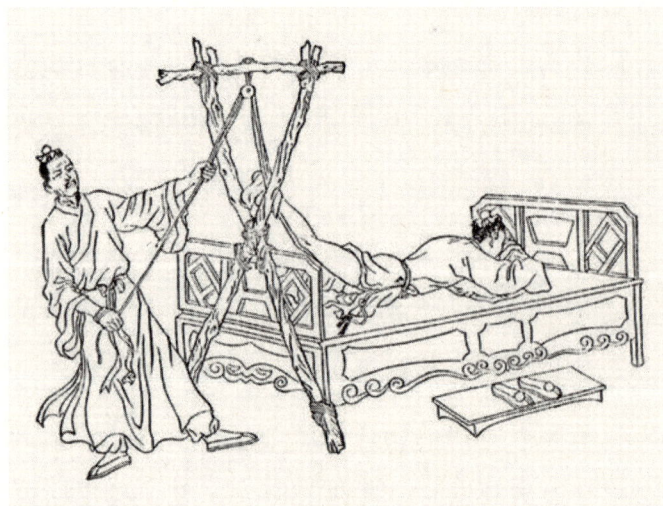

用悬吊复位法治脊柱骨折

痘衣法

　　还有用人痘接种术来预防天花，这也是中国的最早发明。明朝的隆庆年间，医家张璐在《张氏医通》中综述了应用痘浆、旱苗、痘衣等多种预防接种方法以预防天花的传播，这是对人工特异性免疫法的一项重大贡献。这个方法逐渐传入西方，到 18 世纪中叶，人痘接种术由我国传遍欧亚各国。1796 年，英国人詹纳（E. Jenner）受其启示，有了接种牛痘预防天花这个发明。

　　明清时期温病学派提出："戾气"通过口鼻侵犯人体，使人感染瘟疫。这也是对传染病非常早的一个认识，科学地预见了传染病的主要传播途径是从"口鼻而入"，也走在国际的前面。

我这里举了上述一些例子来说明中国医学的发生发展。从中可以看到，中医药学的发生发展、它对生命的认识、对疾病的认识，可以讲是长期走在世界前列的。

（三）西方现代医学的产生和发展

下面列出西方医学发展的历史。

从文艺复兴以后到近一二百年期间，西方医学经历了蓬勃的发展时期，对人类的健康也做出了重大的贡献。

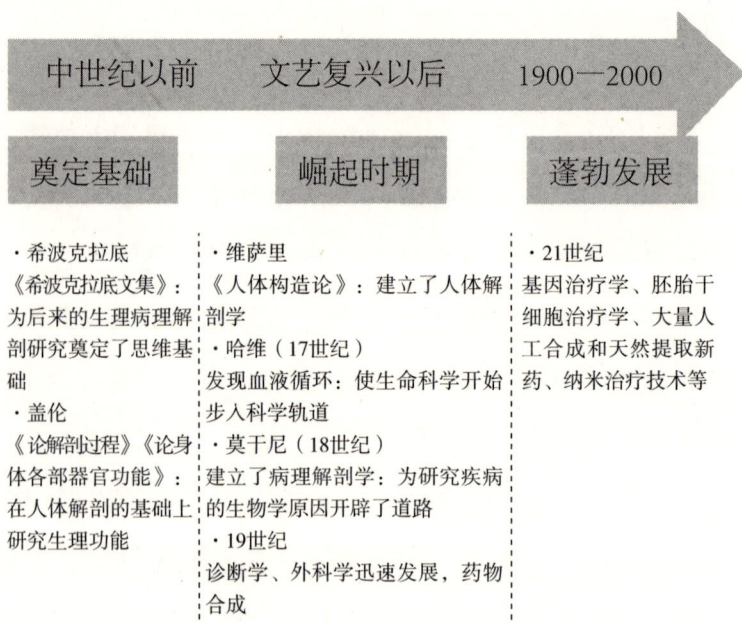

中世纪以前	文艺复兴以后	1900—2000
奠定基础	崛起时期	蓬勃发展
·希波克拉底《希波克拉底文集》：为后来的生理病理解剖研究奠定了思维基础 ·盖伦《论解剖过程》《论身体各部器官功能》：在人体解剖的基础上研究生理功能	·维萨里《人体构造论》：建立了人体解剖学 ·哈维（17世纪）发现血液循环：使生命科学开始步入科学轨道 ·莫干尼（18世纪）建立了病理解剖学：为研究疾病的生物学原因开辟了道路 ·19世纪诊断学、外科学迅速发展，药物合成	·21世纪基因治疗学、胚胎干细胞治疗学、大量人工合成和天然提取新药、纳米治疗技术等

（四）中西医学的学科特点

我们把中西医学放在一起做个比较：

中医学	现代医学
·产生于经验医学时代	·产生于实验医学时代
·注重整体,但分析方法不足	·分析方法为其优点 ,但整体综合不足

可以看到，中医药学形成于经验医学的时代，那个时候我们还没有像西方现在这种形态的科学，那时讲究经验，比较注重整体，分析方法的应用比较少。西方医学是诞生在实验医学的时代，分析方法的应用是它的一个优点，但随着这个优点逐渐发展，分科越来越细，它的总体、综合的观念就显得不足。

（五）东西方医学的比较

如果把东西方医学的特点再做更详细的比较，那么对于中国所特有的传统文化对生命健康认识的理念和特点，就可以有一个更深的了解。

中医的思维体系是整体论，它有朴素的系统论，是一种源于天人合一哲学思维的复合的医学模式，所以可以说中医学是一种非线性科学的多元思维。它对生命的把握，不但体现在生命的物质层面，而且也体现在它的精神层面、整体层面和动态的层面。它比较重视患者的体质和心理、社会、环境这样一些作用，比较多地采用经验积累、类比推理这样一些方法，通过患者就诊时候症候表象来推理归纳，进行辨证论治。

中医（整体论）	西医（还原论）
1. 朴素的系统论,源于"天人合一"哲学思维的复合医学模式 ● 属于非线性哲学的多元思维 2. 体现在生命的精神层面、整体层面、动态层面 ●重视患者体质和心理、社会和环境的致病作用 3. 更多采用经验的积累、类比推理 ●通过患者就诊时的症候表象推理归纳证素证型 4. 强调整体、强调多因素的相互联系,重"辨证",治"病的人" ●辨证论治,注重医生经验和患者整体改变及个体异质性 ●多从横断性综合考虑问题 5. 中药方剂中多种有效组分对机体进行多系统、多途径、多靶点的综合调节,以达祛病养生的目的 6. 重视整体效果,机理解释哲学思想 ●量化评价困难,重复性较差 ●基础研究较弱,很多病能治好不知道为什么	1. 偏向于机械的还原论, "物理-化学"反应的纯生物医学模式 ● 属于线性科学的单元思维 2. 将人体视为由组织器官等组合而成 ● 重视生物因素的致病作用 3. 强调实验实证 ● 通过理化和影像检查找到异常的生物标志物或影像改变 4. 倾向于形态、局部医学,重直接因果,重"看病",治"人的病" ● 注重病因、病理生理和病变局部结构和功能改变及群体证据 ● 重视疾病纵向发生发展演变过程 5. 多强调单一活性化合物对机体靶点的作用,具有高度的选择性,具有明显的对抗性 6. 重视直接效果,成分、靶点、通路比较明确 ●易于量化评价及重复、推广 ●基础研究发展迅速,很多疾病病因清楚但治不好

我们再看一看西医，它比较倾向于还原论。从大的环境到一个物种，再到一个生物学的个体，到它的组织、器官、细胞，这样不断地追究下去，在一段时间内表现出比较机械的还原论的思维方式，从物理－化学反应等角度来研究生物学，把人体看作组织器官组合而成。西方医学比较强调实验实证，这是它的一些不同的特点。

在医疗实践中，中医比较强调整体，强调多因素的相互联系，重视辨证。所以一个病人到了中医那里，医生并不是头痛医头，脚痛医脚，把人分割成很多很多的局部，而是把人看成一个整体，所以他是治疗这个生了病的人。中药的方剂由很多药材组成，每个药材中含有很多成分。中医是通过多成分、多系统、多靶点综合地调理，达到祛病养生的目的。中医比较重视整体的效果，对疾病治疗机理的解释比较注重哲学的思维，这是中医的特点。

西医则比较倾向于形态、局部，比较注重直接的因果关系，在看病的时候比较注重病人生的病。所以有时候我们看到有些西医的治疗，把人的病控制了，但是人整体的状况江河日下，特别在肿瘤治疗过程中有这种现象。西方医学比较多地强调单一活性化合物对具体靶点的作用，具有高度的选择性、明显的对抗性，比较重视直接的效果，药物的成分、靶点和作用通路比较明确，易于量化评价，但是对总体的、综合的复杂现象的把握还存在很多不足。

上面我们把中医和西医的一些特点做了分析。可以看到，整体观和个体化、动态化的辨证论治是中医的核心。

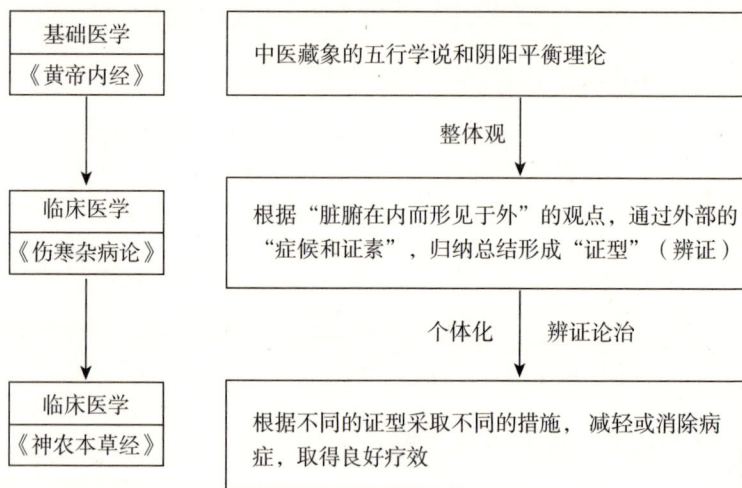

基础医学 《黄帝内经》	中医藏象的五行学说和阴阳平衡理论
↓	整体观 ↓
临床医学 《伤寒杂病论》	根据"脏腑在内而形见于外"的观点，通过外部的"症候和证素"，归纳总结形成"证型"（辨证）
↓	个体化　辨证论治 ↓
临床医学 《神农本草经》	根据不同的证型采取不同的措施，减轻或消除病症，取得良好疗效

这张图试图说明中医的体系和观点。比如说中医藏象的五行学说、阴阳平衡的理论，根据"脏腑在内而形见于外"的观点，通过外部的证素和症候来归纳总结这个人的证型、症候，这样来进行辨证论治。

以上是对中医的特点、优势做的一个简要的回顾。

二、当代医学面临的挑战

第二个方面，我想讲一讲当代医学面临的挑战。近一两百年，西方医学的发展，现代的生物学、生命科学的发展，好像所向披靡。那么当代医学到底面临什么样的困境，有哪些问题？是不是循着这条路走下去就是人类健康的光明大道？我想就这个问题做一些探讨。

我想从两个方面来说：一是当代面临的主要健康挑战，二是当代医疗模式面临的困境。

（一）当代面临的主要健康挑战

大家都关注生命，关注健康，那么，我们当代所面临的对健康的挑战到底是什么？人类历史上对健康和生命造成最严重威胁的是烈性的传染病，各种各样的传染病造成人口大量死亡，对经济社会造成巨大的破坏。中国历史上，人口多的时候可以到两三亿，少的时候跌到几千万。除了战争的原因、政治的原因、灾荒的原因，与大规模的传染疾病的流行也是分不开的。

上世纪中叶，人类在战胜烈性传染病方面取得了巨大的成就，如鼠疫、天花、白喉等疾病都逐渐得到了控制。抗生素的发现，将人类的平均寿命至少延长了十年。随着社会的发展，大规模的传染病已经不再是我们今天面临的主要健康威胁，虽然某些老的传染病还在死灰复燃，新的传染病层出不穷，包括禽流感等疾病不断地变化，但总的来讲，造成的威胁已经不大。

那么今天我们面临的主要健康挑战是什么？

今天我们面临的主要健康挑战，是非传染性慢性病（NCD）。无论是发达国家，还是发展中国家，在这一点上可以达成共识。有哪些呢？就是心脑血管疾病、神经退行性的疾病、代谢障碍性的疾病、肿瘤、免疫性的疾病，等等。

这些疾病的共同特点是病原体不明确，不像以前的传染病能明确查出导致疾病发生的病原体。比如肺结核，病原体是结核杆菌，这个我们讲得清。现在有很多疾病的病原体我们讲不清，例如糖尿病。有一次我在法国巴黎第五大学开会，他们的校长在台上问："在座的各位，谁能告诉我糖尿病的病原体是什么？"大家讲不清楚。它跟很多因素相关，跟饮食、运动、生活方式等相关，由很多因素交织而成，这是一个特点。

我们今天遇到的非传染性慢性病，是多因素导致的复杂疾病。它们有些是涉及多基因、多靶点通路的疾病（如肿瘤、神经退行性疾病等），有些是影响多种组织或细胞类型的疾病（如糖尿病、免疫紊乱等）。这就是为什么我们找到一些治疗肿瘤的药物，但实际的收效还是比较有限，进展还是不快，原因就跟这些疾病的复杂性有关。

复杂疾病带来的挑战，要求我们对疾病的认识要向综合的方向发展，从还原向整体发展，从单一的靶点向人体内的网络调控方向发展。这是当代医学面对的主要健康挑战带来的问题。

（二）当代医疗模式面临的困境

21 世纪，医学正经历着重大的变革。早在 20 世纪 90 年代，人们就指出，现代医学"已经进入一个以个体化医疗为特征的新时期"。当代医学面临的另一个挑战，就是医疗的模式面临的困境。当今以征服心血管疾病、脑血管疾病、癌症等非传染性慢性病为目标的"第二次卫生革命"遇到了很大的困难。迄今为止，一些复杂疾病方面的研究进展并不快，这就使得人们开始反思当代的医疗模式、发展思路。

美国曾对死亡率最高的十种疾病的发病因素进行过大样本的流行病学调查。对 1 岁以上的人群进行调查的结果显示，对非传染性慢性病的发生而言，人的生活方式和行为所产生的作用远远大于生物学的因素。

我们来看几个例子，比如心脏病，生活方式和行为在导致心脏病发病原因中占 54%，占一半以上；对于肿瘤而言，由生活方式和行为导致疾病的占 37%；脑血管疾病，占 50%。人的生活方式和行为在致病因素中占的比重非常大。

世界卫生组织（WHO）在 20 世纪 90 年代也做过一个调查，发现对人的健康和生命来讲，生活方式和行为的影响占了 60%。

所以非传染性慢性病的有效控制就要求我们的医学模式要有一个根本的变革，要从生物医学的模式转变成生理、心理、社会、环境综合起来的一种新的医学模式。

心脏病、癌症、脑血管病致病因素调查

致病因素	心脏病	癌症	脑血管病
生物学因素（遗传在内）	占 25%	占 29%	占 21%
生活方式和行为	占 54%	占 37%	占 50%
环境因素	占 9%	占 24%	占 22%

20 世纪 90 年代世界卫生组织的全球调查

影响人寿命和健康的因素	所占比率
生活方式和行为	60 %
环境因素	17 %
遗传因素	15 %
医疗服务条件	8 %

显然，非传染性慢性病的有效控制，要求医学模式的根本变革，即从生物医学转向生理、心理、社会、环境四者相结合的新医学模式（人的医学）。

与此同时，在当前的医学模式下，我们还遇到另一个突出问题——医疗费用恶性膨胀，引发全球的医疗危机，使得大家要对医学的目的做一个思考，就是"Goal of Medicine"——医学的目的到底是什么？它的核心价值到底是什么？

1992 年世界卫生组织组织了一个研究小组，针对医学的目的做调研，花了四年的时间提出了一个研究报告。这个报告指出："目前医学的发展是在全世界制造供不起的也是不公正的医学。"医学这样发展下去，国家供不起，社会供不起，家庭更供不起，许多国家已经走到了可供性的边缘。

拿全世界经济最发达、科技最先进、人均卫生投入最高的美国来举例。从 1950 年到 1976 年，大约 1/4 世纪，人均的医疗费用上涨了 302%，这还没有算物价上涨、通货膨胀的因素。在 1980 年到 1990 年的 10 年中，美国医疗费用占 GDP 的比重从 1.2% 上涨到 11.5%，上涨了将近 10 倍，现在美国的医疗费用占整个国家 GDP 的 17%—19%。美国这么庞大的一个经济体，它的 GDP 大约 1/6 用在医疗上，这是非常沉重的负担。

世界卫生组织的调研报告就讲："导致这场危机的根源

是医学的目的出了问题，而不是手段，错误的医学目的必然导致医学知识和技术的误用。"要解决这一场全球性的医疗危机，必须对医学的目的做根本性的调整。要把医学发展的战略的优先从"以治愈疾病为目的的高技术追求"调整为"预防疾病和损伤，维护和促进健康"，只有以"预防疾病，促进健康"为首要目的的医学，"才是供得起，因而可持续的医学"，"才可能是公正的、公平的医学"。我们看到，现在医学不断发展，各种高技术不断出现，主要的精力都放在疾病发生以后的治疗，希望能治愈它。这样的发展给整个医疗模式、核心价值带来了很大的问题。

三、中医药在当代的价值和作用

前面我讲了当代医学面临的一些挑战。下面讲第三个方面，我想跟大家交流一下中医药在当代的价值和作用。

这一点我想讲的核心就是中国传统文化的土壤里产生的中国传统医学，它在当代可以发挥什么作用。我想从四个方面来说。

（一）探索生命的奥秘

前面几位发言的专家已经讲到，迄今为止科学所取得的重大成就，大体上是探索生命现象之外的物质世界。

比如 19 世纪到 20 世纪，物质科学的发展取得了辉煌的成就，其中有两个标志性的成就，一个是相对论，一个是量子力学。这样一些重大的成就奠定了我们今天工业化、信息化时代的科学和技术的基础。

到了 21 世纪，我们看到生命科学渐渐走到了科学舞台的中央，生命科学所取得的进展和成就也成了最激动人心的成就。所以我们今天已经进入了一个探索生命和人类自身奥秘的新的科学探索时代。

20 世纪 50 年代，产生了一个标志性的、划时代的重要成果，就是关于核酸的双螺旋结构的发现，被称为生命科学的中心法则，由此开创了一系列生命科学发展的新成就。今天，人们逐渐从探索外部世界更多地转向探索生命现象。那么，在当今生命科学的前沿探索中，传统医学可以起什么作用？

前面讲到，现代的生命科学的发展以还原论为主导的思想方法，研究越来越精细，把生命体分割成很多小的单元、小的局部。这种研究方法有它的价值，但也有局限。所以人们现在就逐渐地反思，提出发展系统生物医学，更好地从整体上来把握诸多因素的综合作用。在这个方面，传统医学可以发挥重要的作用。

现代科技	系统生物医学	中医药学
还原论 分析方法	系统论 综合方法 基因组学 蛋白质组学 代谢组学 转录组学	深刻的系统理论 行之有效的综合方法 整体观念 辨证论治 经 络 脏腑理论

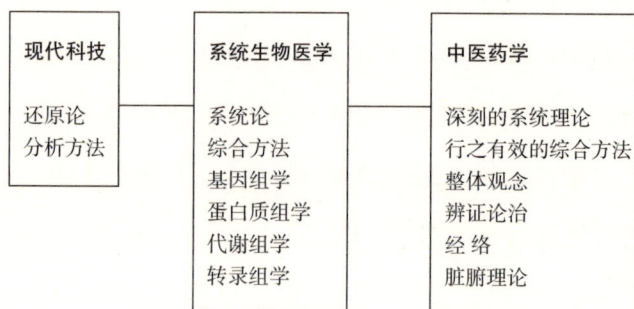

　　中医药有很强的整体观念，有辨证论治、经络、脏腑等理论和行之有效的综合方法，可以推动现代系统生物医学的发展，而各种组学（如基因组学、蛋白质组学等）的研究，可以成为沟通中医药学和系统生物医学的桥梁。

　　这里讲一个例子，肾阳虚是中医里边的一种重要的症候，过去通过医生的搭脉、望闻问切来诊断，但是我们也可以通过组学的方法找到它在一些物质上的表现。我们通过尿液分析，可以看到一个人如果没有肾阳虚，他尿液中的一些代谢物是什么情况；如果出现了肾阳虚，尿液里的代谢物又是什么情况，两者是有差别的。通过中医的补肾壮阳、温肾助阳的治疗以后，患者的代谢物又从肾阳虚的状态回到正常状态，这表明找到了有效的治疗方法。对应于肾阳虚的状态，它的微观的一些物质基础可以作为我们判断的标准。

还有化学生物学（Chemical Biology），这是现代医学的一个新的前沿，是在 21 世纪初由哈佛大学的科学家提出来的，它的目标是把外源性的物质运用到人体，来了解人体内部发生的变化。即把体外的化学物质作为探针，用这个办法来揭示人体、生命的奥秘，它的落脚点就是研究生物学的问题。我们看到，中医药实际上已经用了几千年，用外源性的化学物质来调节人体的状态、治疗疾病，这样我们就了解和积累了大量的经验。比如黄连素，它的化学名称叫小檗碱，过去中医怎么用它？现在了解到，实际上小檗碱可以调节人体的血脂、血糖，而且它没有现在我们用的一些他汀类药物的副作用。通过研究黄连素的作用，发现在人体内存在着一条不同于他汀类药物的新的调控血脂的作用通路。这就揭示了一个新的奥秘，这个成果发表在《自然》杂志的子刊《自然医学》（*Nature Medicine*）上面。

还有干细胞（stem cells）研究。人的生命是从胚胎细胞开始，然后受精卵分裂、逐渐发育成各种器官，所以最早的胚胎细胞有多元分化、发育的潜能，可以发展为骨骼，发展为皮肤，发展为各个器官，等等。但是一旦变成成体以后，它就失去了这种多能性。现在我们可以用一个办法，这是获得诺贝尔奖的成果：把四个特定的基因转到一个成体细胞中，这个细胞就"返老还童"了，又变成了像胚胎细胞一样，又具备多种分化发育的潜能，它又可以向各个方向去发展，可以把它诱导发育成心肌细胞、诱导发育成神经细胞，等等。其实用中药也可以做到这一点，中医有"肾藏精"的学说，这个"精"可能就类似于胚胎干细胞的功能。中医用的很多"补肾填精"的药，比如淫羊藿，研究已经发现其中的成分——淫羊藿苷可以促进干细胞增殖和迁移。

所以我们讲中医药学是历久弥新的，它的很多思想、理论和实践实际上走在当代科学的前面。我们认真地研究和挖掘，可以对当代生命科学前沿的发展得到很多启发。

（二）应对当代面临的全球健康挑战

实际上我刚才已经讲到这个问题。在针对非传染性慢性病的"第二次卫生革命"中，西方医学的进展并不是很理想。大家都知道，美国在20世纪60年代，通过"阿波罗计划"登上了月球，所以当时尼克松总统志得意满，他说要花十年征服癌症，搞了一个十年征服癌症的计划。现在十年早就过去了，好多个十年都过去了，肿瘤依然是个困难的问题。这表明我们医学的思路必须有所调整，必须要有系统性的思考。

中医整体的多靶点、多层次的作用和调节，对复杂慢性病就显示出了非常重要的意义和价值。

现在我们生活改善了，大家各方面条件都变好了，但是疾病的发生不但没有减少，反而在增加，特别是慢性病的发生。这是中国大陆统计的患者数字：心血管疾病超过 2.9 亿，糖尿病 1.14 亿，血脂异常 2.8 亿，高血压 2.66 亿。糖尿病患者，美国 40 年来增加了一倍，中国在过去的一二十年增加了 4 倍，从 20 世纪 90 年代的两三千万变成现在的 1.14 亿。所以如果我们整体的医疗卫生的思想和模式不转变，我们就会穷于应付，医院里排队的病人越来越多，药费越来越高。改革开放、经济发展给国家和百姓带来的丰硕成果就将被慢性病的沉重负担所吞噬！

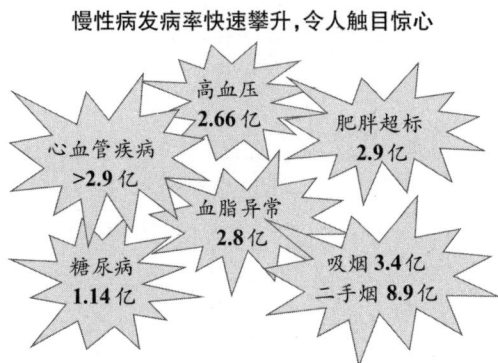

慢性病发病率快速攀升，令人触目惊心

高血压
2.66亿

肥胖超标
2.9亿

心血管疾病
>2.9亿

血脂异常
2.8亿

糖尿病
1.14亿

吸烟 3.4亿
二手烟 8.9亿

2005—2015 年某些国家因心脏病、脑卒中和糖尿病造成的经济损失

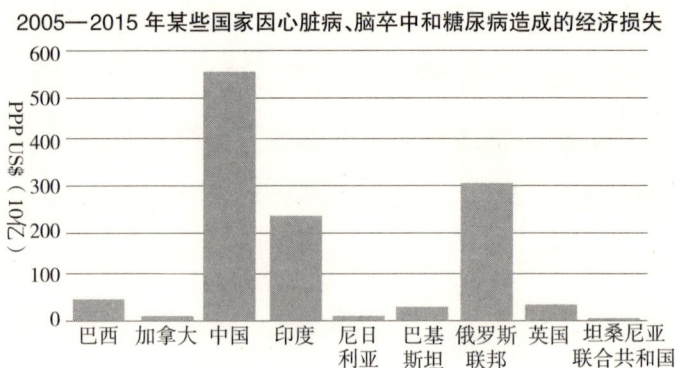

中国人口主要死亡原因分析（2013）

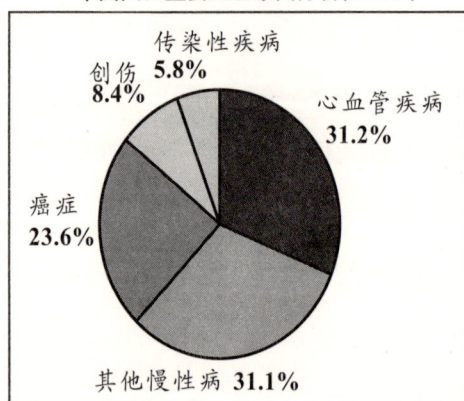

慢性病治疗也很困难，成为健康和生命的重大威胁。因病死亡的人口中超过百分之八十都是由这种非传染性慢性病导致的，如心脑血管疾病、癌症、神经系统疾病，等等。

这种状况带给我们两个反思：一个反思就是以治病为目标的医学模式，不足以遏制慢性病蔓延的趋势。第二个反思是以还原论为指导、针对单一靶点的治疗思路，不足以攻克多因素导致的复杂疾病。

最近几年我们看到，受体酪氨酸激酶抑制剂这样一种治疗肿瘤的靶向药物，它的疗效其实也是有限的。以索拉非尼为例，治疗肝癌用这个药和不用这个药，患者的中位生存期是有差别的，这体现出它对肝癌治疗是有效的。但是用了这个药的患者比不用这个药的患者中位生存期平均只延长了2.6个月，3个月都不到，而医疗费用要十几二十万。这使我们感觉到，以还原论为指导、针对单一靶点治疗肿瘤的药物，虽然有效，但是并不足以攻克疾病。

中医药学可以为应对当代的健康挑战做出重大贡献，同时也不断丰富和发展现代医学。比如：通里攻下法对腹部外科急症的成效、活血化瘀方药对缺血性心脑血管病及周围血管病的成效、中医药扶正疗法与现代肿瘤治疗相结合的中西医结合肿瘤医疗模式、针刺辅助麻醉和针刺镇痛原理的阐明、中西医结合骨伤科疾病的医疗观念创新，还有烧伤、戒毒的中医药研究，脏象、气血、八纲等理论研究，中药及复方药效机理的研究，以及实验方法学的多种创新，等等。

中药新药研究也取得了一批成果：1985 年《新药审批办法》实施以来，研究开发的中药品种达 1000 多个，如抗疟新药青蒿素、治疗急性早幼粒细胞性白血病 As2O3 等。

下面我就快速讲一些例子。心脑血管疾病是慢性病中致死率很高的疾病，致残率也非常高。这里，我介绍一下陈可冀院士的中医活血化瘀研究。比如血脂康的研究，运用循证医学方法，在东方人群中开展大规模、前瞻性、多中心、双盲、随机对照的研究，是新中国成立以来历史上的第一次。血脂康的循证医学研究，第一次证明了中药的疗效是经得起考验的。同时，血脂康在挪威、美国和新加坡等国家以及中国台湾地区也进行了大量的研究，在世界范围内得到检验，都取得良好疗效。血脂康不仅得到中国医生的好评，也得到海外专家的认可。

还有像三氧化二砷治疗白血病，由张亭栋教授首先发现，陈竺院士加以深化、推广和提升。现在急性早幼粒细胞性白血病（APL）能够做到临床治愈率达 90% 以上，这就成为国际上第一个能够临床治愈的肿瘤。它是中国肿瘤学界在全世界攻克癌症的努力中最有代表性的典范，也成为世界治疗 APL 的金标准方案，全世界已广泛应用三氧化二砷治疗复发 APL。

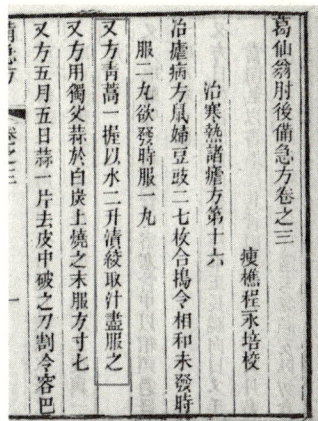

葛洪《肘后备急方》里关于青蒿用药的记载

还有青蒿素，这个是大家熟知的。我们前面讲，葛洪写的《肘后备急方》里边就记载了用青蒿治疗。屠呦呦教授从青蒿中提取有效成分，最后得到青蒿素。经过全国大协作，阐明了它的化学结构，再进行结构改造，得到了疗效好、性质优良的蒿甲醚和青蒿素琥珀酸。这两个化合物以及相关复方应用到国际上，世界卫生组织将其推广到非洲，取得了重大的效益。

还有《扶正化瘀方》治疗肝纤维化，这是上海中医药大学曙光医院刘平教授团队的一项研究成果，其处方为丹参、桃仁、虫草菌丝等，可活血祛瘀、益精养肝。中国是乙肝的大国，慢性乙肝迁延不愈就产生纤维化，逐渐演变成肝硬化，最后导致肝癌，中国的肝癌患者也是世界上最多的。西医现在没有好药来治疗肝纤维化，中医药在这方面可以做出很好的贡献。扶正化瘀片在国内已经上市，在美国也已完成二期临床，将要进行三期临床。它开创了很多"第一"：第一个在西医治疗肝纤维化的空白领域进行探索的中药；第一个针对西药治疗失败、难治性病人进行国外临床研究的中药；第一个在美国二期临床中使用"硬终点"——肝活检检验疗效的中药；第一个走出国门，在"美国肝病年会"上亮相的中药；第一个获 FDA 批准在美国开展二期临床的肝病类中药。

晚期非小细胞肺癌中西医结合综合治理示范研究

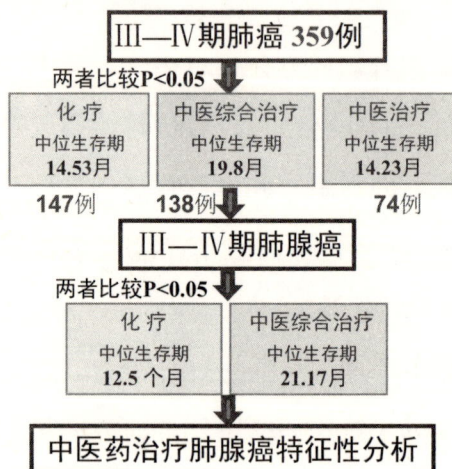

III—IV期肺癌 359例

两者比较P<0.05

化疗 中位生存期 14.53月	中医综合治疗 中位生存期 19.8月	中医治疗 中位生存期 14.23月
147例	**138**例	**74**例

III—IV期肺腺癌

两者比较P<0.05

化疗 中位生存期 12.5 个月	中医综合治疗 中位生存期 21.17月

中医药治疗肺腺癌特征性分析

中西医药综合治疗晚期肺癌患者，比单纯化疗延长中位生存时间5.27月，肺腺癌患者可延长8.67个月。中西医药综合治疗比目前的肿瘤靶向治疗费用显著降低。

还有上海中医药大学龙华医院刘嘉湘教授领衔开展的中西医药综合治疗晚期肺癌的临床研究。

肺癌是发病率最高的肿瘤之一。肺癌到了晚期的时候，也不能手术了，化疗也没有太好的效果。这个时候如果联合运用中医的治疗，可以有效地延长生存期，改善生活质量。从研究结果看到，它可以把患者的中位生存期延长5个月到8个多月（对于肺腺癌），虽然看起来也不算太多，但是如果我们拿索拉非尼做比较，索拉非尼只能帮助患者延长2个多月，不到3个月的生存期，中医方法够取得这样的治疗效果，应该讲是非常令人鼓舞的。

还有针灸。针灸不但可以治病、养生，甚至还可以用来进行外科手术的麻醉。对一些不适合用通常的麻醉剂进行麻醉，但是又必须开刀的病人，就可以用针刺的方法进行麻醉。1958年，根据针刺镇痛原理，中国首创针刺麻醉手术。此后一直到1979年，针麻手术超过200万例，手术种类涉及临床各科达90余种，包括脑瘤摘除术、二尖瓣窄分离术、胃切除术、子宫切除术、脾切除术及肾癌、膀胱癌手术等。一直到现在，针麻手术在一些医院仍在实际应用和不断研究、完善。

这里讲一个脑外科的例子。

有个病人脑部长了肿瘤要开刀，如果我们用药物麻醉，病人就昏迷了，这样在动手术的时候很容易损伤非肿瘤部位的脑神经。最理想的状态是病人清醒，在他清醒的状态下打开颅骨，这可以说是非常不容易的。这种情况下，采用针刺麻醉，这个病人是醒着的。手术进行了一个半小时，病人能说话，医生可以随时和他交流。医生说，"你说句话给我听听"，他就说话，说明这个手术没有碰到他的语言中枢。这在国际的医学史上，可以讲是重大的创举。

针刺麻醉有不少优点，如减少或避免因麻醉药物引起的副作用，使用安全，适应范围广；患者始终处于清醒状态；术中生理干扰少，利于术后康复；降低医疗费用，等等。特别是对脏器的保护、恢复都非常有利。

还有中药的研究。下表左边所列的是西方的植物药和药效，右边所列的是中药和从中药中挖掘的一些新药及对应的药效，大家可以看到，我们在这方面还是有很多优势的。

西方著名的天然药物	
吗啡	止痛
奎宁	疟疾
阿托品	解痉
新斯的明	降眼压
马钱子碱	治疗肌张力亢进
麦角新碱	致幻，催产
洋地黄毒甙	治疗心力衰竭
阿司匹林	多重药效
紫杉醇	抗癌
抗生素	多种药效

中国天然药物（原创）			
麻黄素	解痉	甲异靛	抗白血病
延胡索素	止痛	喜树碱	抗癌
葛根素	保护心血管	石杉碱甲	保护脑功能
山莨菪碱	解痉	联苯双酯	保肝
天麻素	镇定催眠	三氧化二砷	抗白血病
灯盏花乙素	心血管	双环醇	保肝抗乙肝
青蒿素	抗疟疾	丹参酮	心脑血管
鱼腥草素	抗感染	丹酚酸	心脑血管
去甲乌药碱	心功能	丁苯肽	脑出血
苦参素	抗肝炎	黄连素	治疗细菌性腹泻、降血脂、降血糖
姜黄素	抗慢性乙肝		

从中药的宝库中去挖掘研究，有两条思路。一是按照西方的方法、现代科技的方法，对中药材做化学的提取、分离、纯化和结构的分析，然后研究它的药理作用，这样就发现了新药。另外一条路是按照我们中药的传统道路，以临床功效为基础，总结中药的方剂，把它发展成新药。这两条思路都是可行的，都有一些成功的案例。

这是我讲的第二个方面，就是中医药学在应对当代的健康挑战方面所起的作用、所做的贡献。

```
                    ┌──────────┐      ┌──────────┐
                    │  中药处方 │      │  草药    │
                    └──────────┘      │ 天然产物 │
                                      └──────────┘
   ┌────────┐   ┌────────┐      ┌──────────┐
   │  制备  │   │  分离  │ ←──── │ 活性评价 │
   └────────┘   └────────┘      └──────────┘
   ┌────────┐        ┌──────────┐    ┌──────────┐
   │  质控  │        │ 有效部位 │    │ 纯化合物 │
   └────────┘        └──────────┘    └──────────┘
   ┌──────────┐      ┌──────────┐
   │安全性评价│      │ 药理学研究│
   └──────────┘      └──────────┘    ┌──────────┐
   ┌──────────┐    ┌────────────┐   │先导化合物│
   │ 临床试验 │    │ 组分分析和优化│   └──────────┘
   └──────────┘    └────────────┘    ┌──────────┐
   ┌──────────┐    ┌──────────┐      │ 结构修饰 │
   │中药处方新药│   │ 临床前研究│      └──────────┘
   │  （6类） │    └──────────┘      ┌──────────┐
   └──────────┘    ┌──────────┐      │   NCE    │
                   │ 临床试验 │      └──────────┘
                   └──────────┘
   ┌──────────┐    ┌──────────┐      ┌──────────┐
   │中药有效部位│   │ 新药：   │      │ 中药新药 │
   │新药（5类）│   │ 中药处方 │      │ （1类）  │
   └──────────┘    │多组分配方│      └──────────┘
                   │天然产物组方│
                   └──────────┘
```

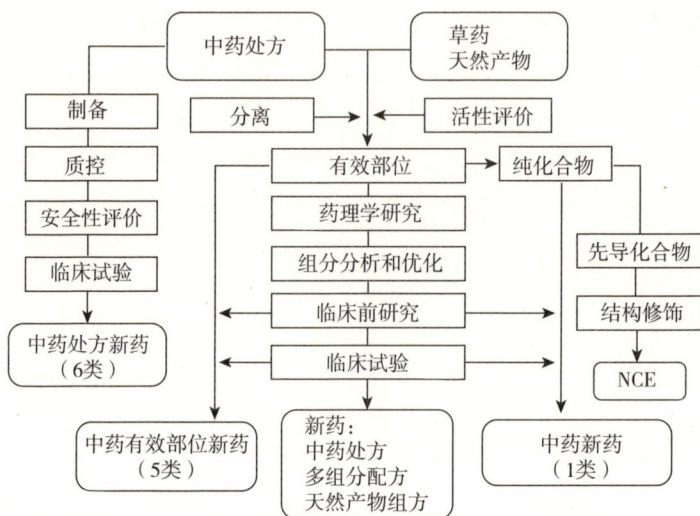

（三）推动当代医学模式的转变

现在的医学模式主要是"治已病"，已经生病了，再去治疗。怎么来"治未病"？怎么从对抗的医学转向协同的医学？怎么从局部的医学转向整体的医学？中医药学可以在这些方面起到推动医学模式转变的作用。

第一个就是"治未病"。《黄帝内经》中说："圣人不治已病治未病，不治已乱治未乱。"这是中医药学非常重要的核心思想。

第二就是协同医学。在现代医学中，疾病是作为人的生命和健康的一个敌对体存在的，这两者是征服和被征服的关系。你不征服我，我就把你征服了，这样一种关系叫"对抗的医学"。但是在中国传统医学里，人的生命健康和疾病是人的身心调整、内外环境互相作用的结果；医生、医学是作为自然的助手，来改善提高人的身心系统的功能，祛病是整体功能状态改善的自然结果。所以，东西方医学是不一样的。与核心理念的转变（从"治病"转向"治未病"）相适应，疾病防治的总体思路亦必然从对抗转向协同，即从对抗医学转向协同（平衡）医学。

第三就是整体医学，从分析到综合，从还原到整体。我们要把单纯通过药物、通过手术攻克局部的疾病，变成考虑人的整体。现在大家都讲，肿瘤不论长在哪个部位，都可能跟全身状态相关。肺癌不光是肺的问题，胃癌也不光是胃的问题，所以要把局部跟整体关联起来。同时还要把生物学的、生命科学的手段，和心理的、社会的、环境的综合性措施结合起来，这就是整体医学的概念。因此，中医整体的、多靶点的、多层次的作用和调节就显示出重要的价值和意义。中国传统医学为生理、心理、社会、环境相结合的新医学模式提供了核心理念和理论基础。

在20世纪末期，当时法国的总统密特朗邀请了75位诺贝尔奖获得者，以"21世纪的挑战和希望"为主题会聚巴黎开会，会后就发布了《巴黎宣言》。这个宣言讲，"好的医生应该是使人不生病，而不是能把病治好的医生"，"医学不仅是关于疾病的科学，更应该是关于健康的科学"。

中医药学最高的指导思想"治未病"就是"关于健康的科学"。"治未病"可以引领当代这样一个健康的医学。大家看到，从健康状态到亚健康状态，再到面临发病高风险的状态，到最后疾病出现，然后再到后面的治疗和康复，整个过程中，中医药学都有非常重要的作用。

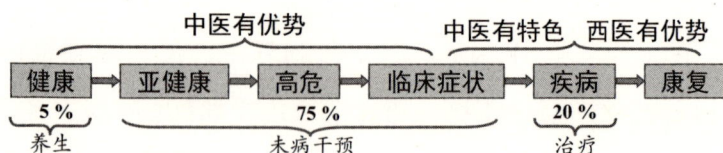

	中医有优势			中医有特色	西医有优势
健康 →	亚健康 →	高危 →	临床症状 →	疾病 →	康复
5%		75%		20%	
养生		未病干预		治疗	

在养生保健方面，中医药学有非常突出的优势。在疾病还没有严重的时候，就进行"未病干预"，中医药学有非常重要的价值。在治疗过程中，中医药也有重要价值，在康复期间中医药更有许多独特的优势。所以说在整个健康维护过程中，中医药学的重要作用是多方面的。

我这里列出来一条：

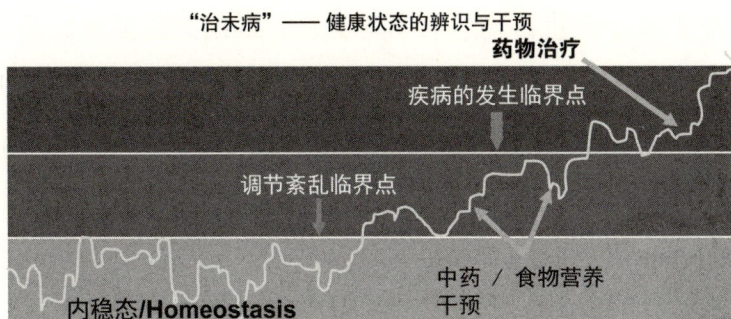

"治未病"—— 健康状态的辨识与干预

药物治疗

疾病的发生临界点

调节紊乱临界点

中药 / 食物营养
干预

内稳态/Homeostasis

健康状态 辨识：仪器设备，辨识指标体系，数据信息软件等
　　　　 评估：健康状态量化评估，发病、转变、复发风险
　　　　 　　　预警，全程监测和动态分析
　　　　 干预：食物、药物、生活方式、中医养生保健功法

　　上图最下面的区域代表稳定的健康状态，中间区域就是亚健康状态，上面的区域是疾病状态。如果我们能够在健康向亚健康变化、在亚健康状态即将出现的时候，采取措施干预，早期进行干预，就可以维护健康，这恰恰是中医的长处。中医不光是看病，养生保健也是它非常重要的一大部分。对健康状态的辨识，对它的评估，对它的干预，这些方面中医药学都有很重要的作用。

　　传统中医辨别健康状态主要是依靠"望闻问切"获得信息。现在发明了很多现代化的中医诊疗装备，不光是"望闻问切"、凭医生的经验，也可以用仪器装备来获取"望闻问切"的数据并进行分析，如对脉象、舌苔进行科学记录与分析，总结规律，把它跟中医医理结合起来，对一个人的健康状态做出评估，做出辨识，对早期的亚健康状态及早发现，及早调整。中医健康状态辨识技术的现代化实现了中医辨证的客观化、数字化和标准化，为发展健康服务业奠定了基础。

社区、家庭的健康维护和管理

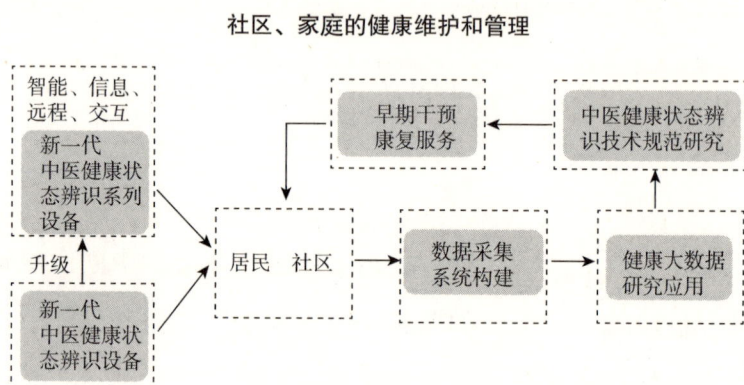

亚健康与疾病人群比例下降（上海长宁区）

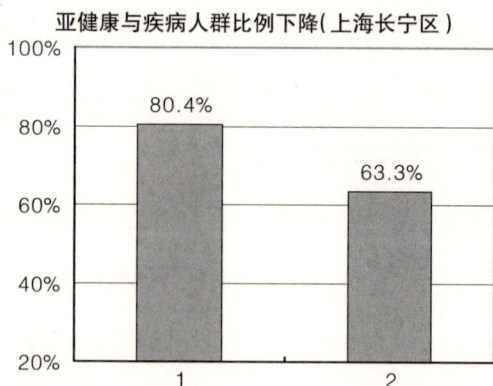

疾病典型症状改善率(上海长宁区)

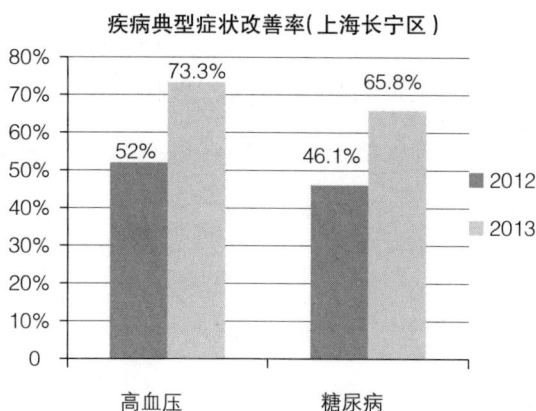

我这里讲一个例子：在上海市长宁区，我们把这样的方法运用在社区、家庭，进行健康管理和服务，结果居民健康状态有明显的改善。这一年多的时间，亚健康的人群比例就下降了。同时有些疾病，像糖尿病、高血压的症状得到控制的比例也上升了。

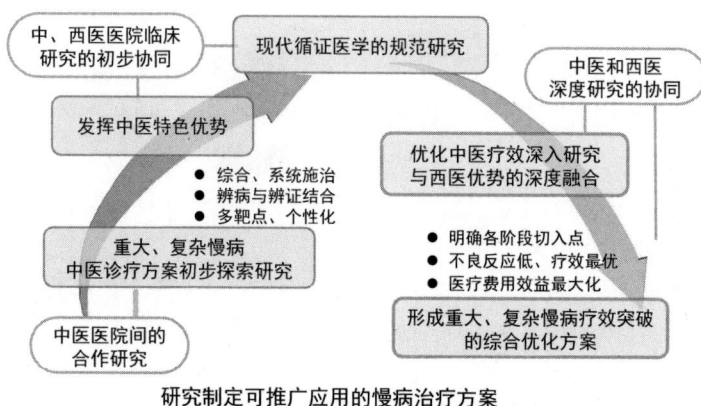

研究制定可推广应用的慢病治疗方案

还有在重大疾病的疗效方面，把中医的治疗跟西医的治疗结合起来，实现优势互补，可以对复杂疾病治疗发挥重要的作用。前面我已经举了肺癌的例子。

还有康复养老方面，中医药有更加突出的优势，更加多样化的手段。近代医学研究表明，积极进行康复治疗可以明显延长患者寿命，降低死亡率36.8%，同时显著提高生活质量。通过疾病后期的康复治疗、中医调理、心理调适等方法，以患者回归社会的满意度为指标，研究疾病后期干预的标准规范，加以推广应用，使患者以可能达到的最佳状态融入社会生活。

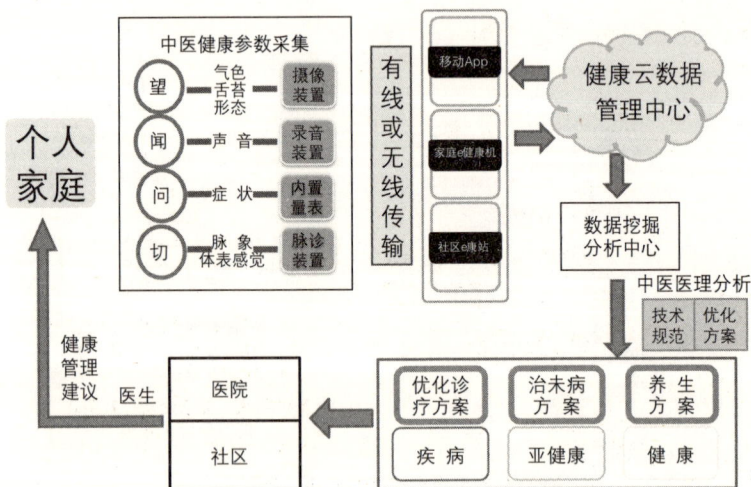

还可以把它跟信息技术结合起来。我们通过移动式、便携式的各种设备来了解一个人的脉象、舌象、面象等各种情况，然后把这些数据通过有线的、无线的方式传输到健康云数据管理中心。通过数据的挖掘、医理的分析，可以对健康的人开出养生的方案，对亚健康的人开出治未病的方案，对生病的人进行诊疗方案的优化，然后再回到医院和社区加以实施。

西医现在有一个前沿叫"精准医学"，这是奥巴马以前在国会的报告中提出来的。中医药学是在经验医学的基础上总结发展起来的，比较强调辨证论治、同病异治、异病同治，许多观念与"精准医学"的理念高度契合，但在证据的客观化、精细化和量化上有所欠缺。这些不足制约了进一步弘扬中医药个性化治疗优势、提升中医精准医学的水平。

其实中医药历来就有个性化治疗的传统，辨证论治，对每一个病人开的方子可以随症加减，这也就是个性化的精准医学的方式。今天我们要进一步发展中医药学的优势，除了弘扬自身精准医学研究的特色和优势之外，更要探索在当代条件下传承和创新中医药精准医学和个性化治疗的思路、技术和方法，丰富中医药精准治疗的实践模式，要做到精准地诊断、精准地治疗。

在诊断上，西医采用分子分型的方法，我们中医可以用症候对疾病进行分型。同样是乙肝（病毒性乙型肝炎），我们可以针对它的不同症候表现，分出不同的证型如肝胆湿热、肝郁脾虚等。有了这些不同的型以后，我们可能对疾病的治疗就有更具针对性的、更加精准的办法。此外，还可以采取中医的宏观辨证（"望闻问切"）与微观辨证（生物标志物）相结合的办法，这些都可以帮助进行精准诊断。

在治疗上，也要因人而异、因病程的发展而异，实行"病－证结合"，要针对不同的体质类型、气候环境、生活方式等制定个性化的治疗方案，从而达到精准治疗的目的。

精准诊断、精准治疗要坚持突出中医药整体性、个性化、动态化核心理念。

中医看病的基本模式是辨证论治，就是看人的症候。症候是全身性的描述，如肾阳虚、肝郁脾虚等。目前用来进行中医症候疗效判断和评价的一些证素群往往缺少特异性，依赖主观经验判断，其生物学基础也不甚清楚，因此不能满足发展中医"精准医学"的需要。现在已经有一些深入的生物标志物的探索研究，可以帮助我们对中医症候进行更精准的把握。血液和尿液涉及大量内源性物质的变化，能比较充分地反映患者的整体状态，反映机体综合的健康或疾病状态。对血液和尿液开展组学分析（基因组、代谢组、转录组等）获得的数据，在某些疾病中可能发展为中医症候疗效判断和评价的生物标志物。

比如沈自尹院士在 20 世纪 50 年代率先对中医称为"命门之火"的肾阳进行研究。他发现在尿液中有 17- 羟皮质类固醇，这个化合物可以作为肾阳虚证的一个生物标志物，通过这个指标判断是否肾阳虚，跟中医医家的诊断可以相辅相成。这也是首次用现代科学方法在国际上证实肾阳虚证的特定相关物质。

通过生物标志物进行慢性乙肝诊断

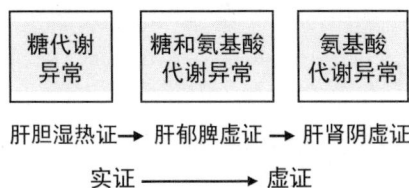

| 糖代谢异常 | 糖和氨基酸代谢异常 | 氨基酸代谢异常 |

肝胆湿热证→ 肝郁脾虚证 → 肝肾阴虚证
实证 ———————→ 虚证

还有刚才讲到的慢性乙肝，它有不同的证型，如肝胆湿热证、肝郁脾虚证、肝肾阴虚证、隐证型。上海中医药大学曙光医院通过多种组学研究，包括基因组、代谢组等，找到一些相关联的特征，建立可基本准确判别慢性乙肝中医症候的数学模型，这样就可以判断它属于哪一种中医证型，然后对证治疗，在一般性针对病毒治疗的基础上进一步提高疗效。

（四）中医药与弘扬中华传统文化

我最后讲一讲中医药在弘扬中华传统文化方面的作用。中医药在当代的重要作用，前面我讲了三个方面，第四就是弘扬中华传统文化。习近平总书记讲："中医药凝聚着深邃的哲学智慧和中华民族几千年的健康养生理念及其实践经验，是中国古代科学的瑰宝，也是打开中华文明宝库的钥匙。"

"认知生命"这样一个大的问题，跟我们传统文化的哲学，包括阴阳互用的辩证观、天人相应的自然观是紧密相连的。身心一体的整体观，动态变易的运动观，综合调治祛病养生，从这样一些思想和理念，就可以看到中医药学的文化思维，它充满着中国传统的智慧。

中医探索复杂动态非线性的生命本质，把医学、哲学、艺术、科技融合起来，而且拿儒释道的思维模式来互鉴。中医与中国哲学发展的脉络是一致的，同时中医跟中国传统文化的审美观也是高度一致的。

一是崇尚自然，天人合一的整体观。由于时间关系，我不展开了。"天人合一"的思想概念最早由庄子提出，后被汉代儒家思想家董仲舒发展为天人合一的哲学思想体系，并由此构建了中华传统文化的主体。宇宙自然是大天地，人是小天地，"人法地，地法天，天法道，道法自然"，这样来理解人体。中医也常用"援物比类"的方法，通过解读各种自然现象来推测人体内在的生理病理功能，形成以此及彼、司外揣内的独特方法论。

《黄帝内经·素问·上古天真论》中提道："上古之人，其知道者，法于阴阳，和于术数，食饮有节，起居有常，不妄作劳，故能形与神俱，而尽终其天年，度百岁乃去。"效法天地阴阳变化来平衡自身的阴阳，调节饮食与作息，使人体真气的运行与精神状态合乎天地自然运行的规律，体现了天人合一的思想。

二是强调中庸和变通的思辨观。《尚书》里讲："惟精惟一，允执厥中。"所谓"允执厥中"，就是要不偏不倚，合乎中正之道。中医注重通过调理、调和之法，使人体处于和谐状态，反映的正是这种中庸思维。

明代大医学家张景岳在《医易义》中提出："医者，易也。""易"即指《易经》之"易"，将《易经》引入医学认识论，蕴含着重视变化、强调变通的医学思想。

三是注重本体的内稳状态和形神的统一。《黄帝内经·素问·刺法论》言"正气存内，邪不可干"，强调疾病防治过程应重视人体本身的抗病能力的保持与激发。这种思想与佛学中的"禅定"概念一致。

国医大师刘嘉湘提出"扶正抗癌"与"带瘤生存"理论，在延长生存率方面展现优势；陈竺院士应用砒霜制剂诱导白血病细胞正常分化获得重大突破，正体现了这种思想。病从属于人，是人的生命状态之一种。通过人体的协调与平衡，实现"人与病的共存"。中医"治未病"的理念，就是突出预防为主，力求最大限度维护人的内在正气的稳定性。

还有"大道至简"这个独特的审美观念。"大道至简"源自老子的道家思想。"大道"是指事物的本原，生命的本质。大道至简就是说，最有价值的道理其实是最朴素、最平常的。

还有阴阳、五行、经络等。中医用阴阳、五行和经络理论高度概括复杂的人体结构与功能，以及体内组织之间、生命本质与外界事物之间广泛联系的基本规律。阴是寒凉、抑制、宁静；阳是温热、激发、运动。相互依存，相互转化，这样来考虑一个人体的整体状态。五行、经络理论和中国传统文化的绘画、书法艺术也有共同的审美意趣。如中国书法与绘画崇尚气韵生动——简约不繁、点到为止，重在用线条体现活力、运动、情感，等等。

四、展望

最后我有一个简单的结尾，进行展望。

刘延东副总理曾说："中医药是我国独特的卫生资源、潜力巨大的经济资源、具有原创优势的科技资源、优秀的文化资源、重要的生态资源。"其中，"具有原创优势的科技资源"这句讲得尤为中肯。在长期与疾病斗争的过程中，中医药形成了自己独特的理论体系和医疗模式，"治未病""辨证论治""经络和脏腑"等理论、治则和诊疗方法体系都具有我国特有的原创思维，蕴含着系统生物医学、化学生物学等国际前沿科学思想的精髓，在许多方面走在西方医学的前面。这些一方面指导我们认识生命的本质，认识生命的规律，另一方面也指导当代医学的发展。

传统医学走向世界是一个必然的趋势。2009 年世界卫生大会就通过了关于传统医学的决议，2014 年 6 月就制定了世界卫生组织传统医学的战略，到 2015 年又进一步提出来要把传统医学融入主流的医学体系，要成为当代人民都能享用、都能受它恩惠的一个医学体系。

迄今为止，医学模式的发展历史，经历了"经验医学"的时代、"实验医学"的时代，现在我们逐渐走向"整体医学"和"系统医学"的时代。我们从神灵主义的医学模式、自然哲学的医学模式、机械论的医学模式、单纯生物学的医学模式，逐渐走向一个生理、心理、社会综合的整体医学模式。

所以当代的医学科学的发展，整体和局部要并重，综合和分析要并重，经验和实验要并重，它的研究对象不光是疾病，还要研究怎么来维护人的健康等。它的模式，我们刚才讲了是综合性的模式，包括了生物医学、心理、社会、环境、工程医学等因素。

我们要抓住"一带一路"合作发展的机遇，让中医药的文化，它的哲学，它的整个理论和实践，不但在中国发扬光大，而且要能够进一步走向世界。中医药走向世界之日，不光是中医药的发展，也是中华文化的发展，是中国软实力的体现。

我就讲这些，讲得不当的地方请大家批评指正。

谢谢！

致　谢

郑守曾教授、陶祖莱教授、胡鸿毅教授等多位学者为本文提供资料，给予了宝贵帮助，谨此表示衷心感谢！

大脑与人生：造命者天，立命者我

洪兰

（台湾"中央"大学认知神经科学研究所前所长、台北医学大学讲座教授、心理学博士）

各位好！

今天很荣幸来分享主题"造命者天，立命者我"，看看大脑的机制是如何运作的。

我相信各位做老师的一定有学生来跟你讲："老师，他害我生气，他害我怎样……"我们跟学生说："没有人害你，是你害你自己，因为你的大脑是操纵在你的手上。"那么我先跟各位看一下，我们每个人都有这四个脑叶——额叶、顶叶、颞叶、枕叶，还有小脑。

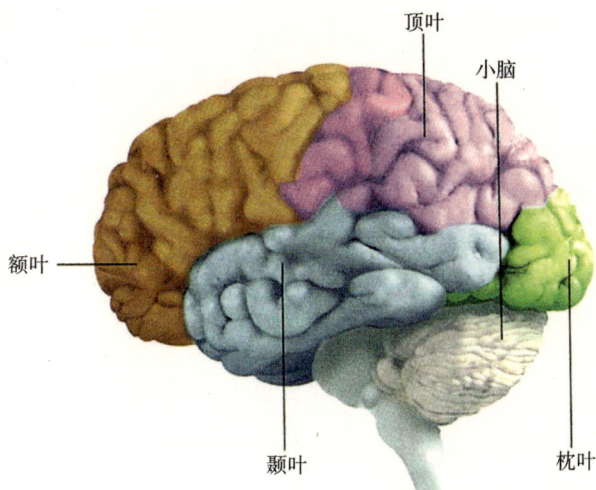

图片取材自《认知神经科学》，迈克尔·加扎尼加、理查德·伊夫里、乔治·曼根著，美国 W.W. 诺顿出版社 2002 年出版（*Cognitive Neuroscience: The Biology of the Mind*. By Michael Gazzaniga,Richard Ivry,&George Mangun,2002,Norton&Company）

　　这里面，额叶是最重要的，叫作总裁脑。我们的计划策略，情绪控制，都是依靠额叶；额叶受伤，人格会改变。各位知道在家里有帕金森病的人或者是阿尔茨海默病的人，照顾他，给他吃，给他喝，不是最辛苦的，辛苦的地方在于他的人格改变，外表是他、声音是他，里面住的人不是他了，所以额叶非常重要。

　　我们的听觉皮质（颞叶），也不能够受伤，因为人有沟通的需求。我们大部分人是不会手语的，而且中文的特点是不能独存，因为中文是声调语言，四声不在嘴型上。各位可以看我的嘴巴，"爸爸看报纸吃包子"，这个"报纸"和"包子"是同一个嘴型，如果你四声抓不准，人家不知道你在讲什么，所以听力是很重要的。

另外，眼睛在前面，这边是视觉皮质后脑（枕叶）。眼睛是好的，枕叶坏了，那你也看不见了。所以大脑是没有一个地方可以受伤的。

那么我今天想让各位看呢，就是在我念书时候的生物教条，现在已经推翻了。过去说，大脑定型了就不能改变，神经细胞死了不能再生。跟各位讲，现在这个都推翻了。我们在大脑里看到，大脑是一直不停地因为外界的需求，改变里面的神经分配，然后大脑管记忆的区域海马回会神经再生。

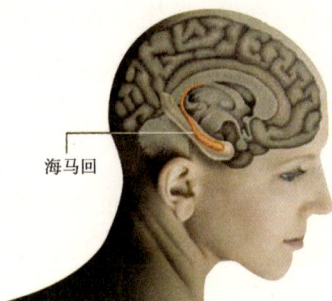

海马回

新神经元诞生之地

在成人脑中，与学习和记忆有关的海马会持续产生新的神经元。神经元新生的现象最早是在啮齿动物身上发现的，但之后科学家证实成人也有新的脑细胞生成，就在海马中的齿状回。

图片取材自《科学人》杂志，2009 年 4 月号

所以各位看这个形状像海马的，这里叫作海马回，是管记忆的地方。海马回坏掉，会有失忆症、阿尔茨海默病。

和各位分享一下，阿尔茨海默病不是你们想的那样子。我们实验室只要贴广告，征求 65 岁的人来实验室做记忆的实验，电话都打到爆掉，老人家说："我也不要你 500 块钱的车马费，你半夜叫我来我也来，我只求你帮我扫描一下，看我有没有阿尔茨海默病。"我们就跟他说："你为什么这么担心呢？"他说："老师你不知道，我昨天把绿豆汤烧成绿豆干，忘了关火。"这个不是阿尔茨海默病。各位知道，我们这种记忆叫作 episodic memory，是同质性的干扰。你每天做同样的事情，年纪越大经验越多，就像白板变花了，看不清楚了。像各位这么年轻，你没有阿尔茨海默病，你也没有失忆症，请问：你有没有下了课、下了班走出去，找不到你的汽车、找不到你的摩托车？这叫同质性的干扰。如果各位不相信的话，我请问你：三天前的早饭吃了什么？你有吃早饭吧，可是三天前吃什么就忘掉了，因为每天都吃饭，这叫同质性的干扰，这不是阿尔茨海默病。

那么，阿尔茨海默病是什么？比如在这个市场买菜买了 60 年，走出去，找不到路回家了；跟你先生结婚 50 年，看到他不认得了，这才是阿尔茨海默病。因为自己吓自己会吓出病的，所以关于大脑的很多知识要知道一点。那么海马回的横切面是这块，叫作齿状回（Dendate gyrus）那个新长出来的神经细胞从这边移到它要去的地方。

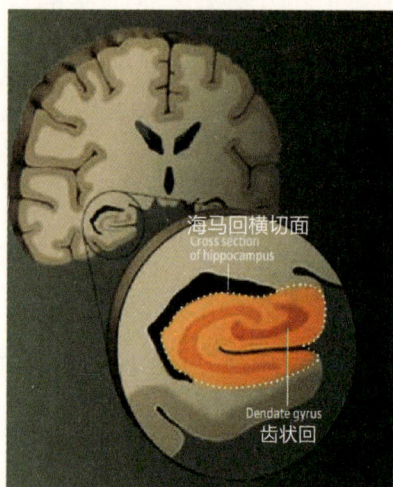

人类的脑　　　　　　　　啮齿动物的脑

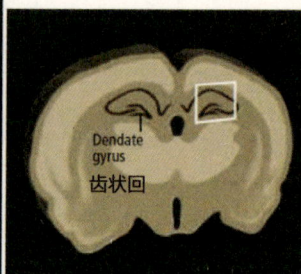

海马回横切面
Cross section
of hippocampus

Dendate gyrus
齿状回

Dendate gyrus
齿状回

图片取材自《科学人》杂志，
2009 年 4 月号

　　有个 89 岁的老人，这个老人家有鼻咽癌，治疗他的时候需要打放射性的水去追踪癌细胞的扩散。这个水注射下去的三天，老人家过世了。请他的家属把大脑捐献来做解剖，我们就看到在齿状回的地方，这个神经细胞是发亮的，表示它是注射了放射性的水以后，才出生的新的神经细胞。所以 1998 年的实验在医学上非常重要，就推翻了在 1906 年得过诺贝尔奖的神经学祖师爷卡哈（Ramony Cajal）在 1913 年的所说的"大脑定型以后不能改变，神经细胞死了不能再生"的观点。

　　但这个理论最重要的还是在教育上，我们看到"没有输在起跑点"这句话，这句话是广告语，没有任何实验证据。各位知道中国有一句话叫"大器晚成"，现在你会，我还不会，可等到我会了，做得跟你一样好，还说不定比你更好。爱迪生、爱因斯坦、王阳明都是大器晚成的人，各位知道，王阳明到五岁才会说话的。我们的人生是一场马拉松，我们是要孩子走到终点的，没有"输在起跑点"这句话。所以我们说"成功的人是赢在转折点，不是赢在起跑点"。各位到了社会上可能都体会到这件事了。另外在大脑里看到，大脑是跟环境互动的，没有"三岁定终身"，不要叫你的孩子去抓周，那个没有用的。

各位看，大脑如果这样子切的，这块就是我们的运动皮质区。我们身体里面，凡是会动的地方，在这里都有表征，包括舌头、下巴、嘴唇、手、身体，然后这边是脚。各位注意，图中管手的区域就跟它上面那只手一模一样地排列——大拇指、食指、中指、无名指、小拇指。你再看下面，这是猴子的五个手指头，上面是运动皮质区，管手的地方。

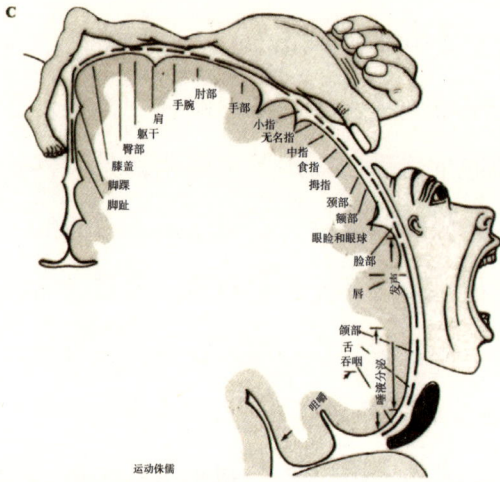

运动侏儒

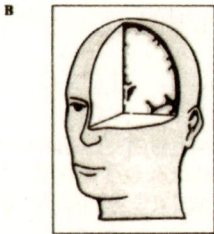

人类大脑皮质运动神经投射区域

图片取材自《心理学》(第四版), 亨利·格莱曼著, 美国 W.W. 诺顿出版社
1995 年出版 (*Psychology*. By Henry Gleiman, 4th ed. Norton, 1995)

人脑的自组织

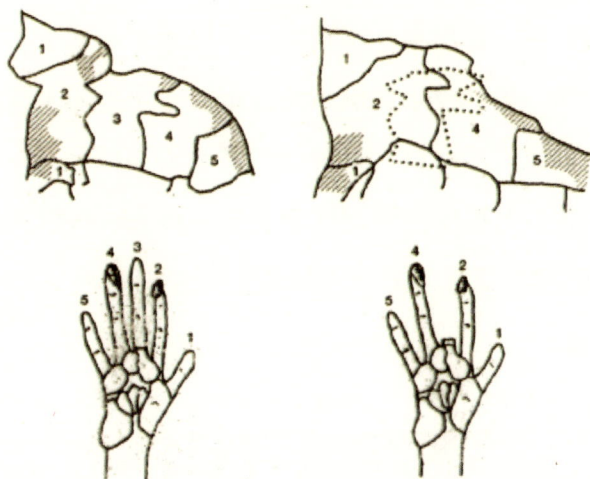

图片取材自美国迈克尔·梅泽尼奇（Michael Merzenich）相关著作

图中的 1 管大拇指，2 管食指，3 管中指。统统找到对应的地方以后，把它的中指对应的脑区切掉，三个月以后你再来找中指的脑区，它已经被 2、4 瓜分掉了。2、4 的脑区本来这么小，现在变这么大了。大脑是用进废退的，你不用，别人马上拿来用，所以有的电影说"你只开发了人 10% 的大脑"，那是不对的。大脑的资源是不够的，你不用别人马上拿来用，没有潜能开发这回事。

所以请问各位：五个指头里面哪个指头比较灵活？是食指，因为食指占的地方最大。也就是说，你要用得多，它占的地方就大，因为神经比较多，所以它就会比较灵活。

那么小拇指占地很小，哪一个行业的人，他的小拇指跟食指一样大？对，音乐家、钢琴家、小提琴家。这个实验是在德国做的，柏林爱乐交响乐团的十二个小提琴家，用核磁共振扫描他们的大脑，发现他们因为右手拉弓，左手按弦，左手的小拇指所占的脑区跟食指一样大。所以大脑会一直因为外界的需求而改变，而且这个改变很快。

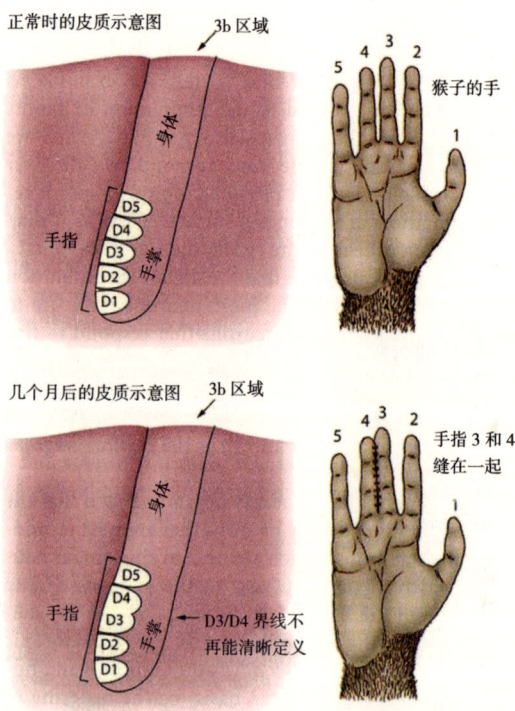

正常时的皮质示意图

3b 区域

身体

手指

手掌

D5
D4
D3
D2
D1

猴子的手

5 4 3 2

1

几个月后的皮质示意图

3b 区域

身体

手指

手掌

D5
D4
D3
D2
D1

D3/D4 界线不再能清晰定义

手指 3 和 4 缝在一起

5 4 3 2

1

上图是猴子的手，找到图中 1、2、3、4、5 指相应的脑区，然后把 3、4 指的皮缝起来，使它们动作同步。过了三个月，把线拆掉，结果指 3 和指 4 跟着动了。对大脑来讲，你们两个都同步发射了三个月，你们显然是同一个东西，现在线拆掉，来不及了，猴子就只有四个指头了，不是五个指头了。这就是说，大脑一直不停地因为外界需求而在改变。

就算我们长大了，已经上大学了，脑的发展还是一样的。这是德国专家做的一个重要实验。把大学生找到实验室来，扫描他的大脑，这是 Scan 1。然后叫他练习抛接三个球，要练到一分钟球不落地，才可以停止。这个不是很容易，所以要练一阵子。等到熟练的时候，把他找回实验室，再扫描他的大脑，是我们看到的 Scan 2。然后叫他回家休息三个月，不要摸这个球，再来扫描他的大脑，得到 Scan 3。

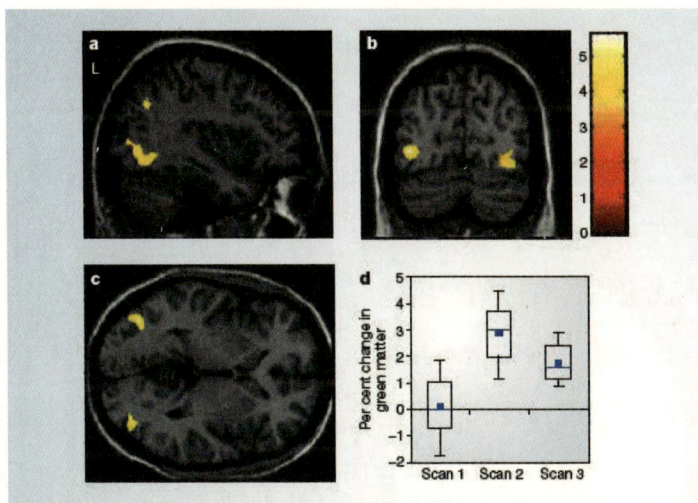

一个大学生——本来我们以为大脑都已经定型的人，他的运动皮质区，还是会因为他在用就变大，不用就变小，这就是大脑一直不停地因为外界的需求，改变它的神经分配的缘故。但是，这个改变必须是主动的！各位在医院里面一定看到过，同样是中风，同样是复健，两个老人，一个自己很想赶快恢复原状，一个却是手绑着被动地做，六个月以后，一个会动一个不会动。所以说我们看到，主动学习才有用。

好莱坞有一位电影明星叫帕德里夏·妮尔（Patricia Neal），她在1964年拿过奥斯卡金像奖，当时跟她演对手戏的那个人叫保罗·纽曼（Paul Newman），各位太年轻可能就不认得了。1964年拿金像奖那一年她38岁，一年后，39岁的她中风了。在1965年，中风是无药可救的，根本不知道大脑里面是什么样，也没有CT扫描，更不要讲核磁共振或者是振子断层扫描了。她躺在地上被救活，左脑整个坏掉，左边的视觉皮质也坏掉了，所以她右眼戴着眼罩，嘴巴不能说话，右边的身体瘫痪了。医生就跟她讲："你这么严重的中风，这辈子不可能再上舞台了，怎么演戏呀，眼睛也看不见了，嘴巴也不能说话，身体也瘫了。"可是她刚刚拿过金像奖，她非常不甘愿从事业巅峰突然掉下来，因为当时不甘愿，所以她下决心一定要再回舞台，她的复健就是一个主动的复健。经过四年的复健以后，她重回荧屏演戏拿到艾美奖，大家都没有想到有这么厉害的人。后来有了核磁共振以后，我们就把她找回实验室，跟她说：你当年中风的时候，只有电脑断层扫描，明明看到你的左脑区都黑了，你的右手是左脑控制的，你的左脑都黑成这个样子了，为什么你的右手会动？现在有功能性核磁共振了，请你动一下你的右手，让我来看看是谁在管你的右手。

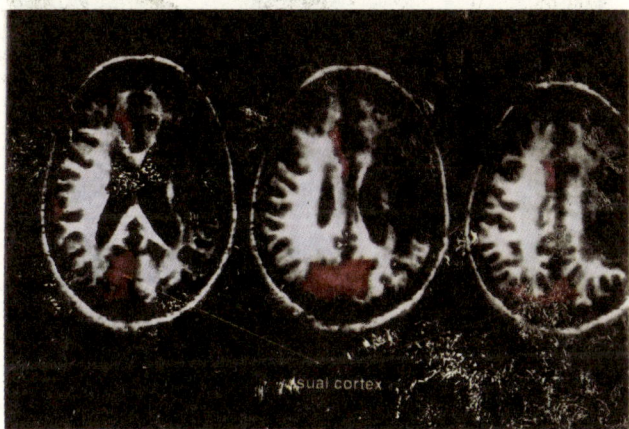

visual cortex

各位请看，这是同一个人的三张大脑片子，脑的形状是一样的，只是扫描的高度不同，都能看到红色的区域，她右边的运动皮质区，把她左边坏掉的功能给拿过来了。所以说功能是可以转换的，而且年纪越小的时候受伤，转换得越快。

4 岁时因外科手术而造成的损伤

左脑　　　　　　　　　　　　　　　右脑

11 岁时网络阅读

正常人的脑　　　　　　　病人的脑

视觉词形区的取代

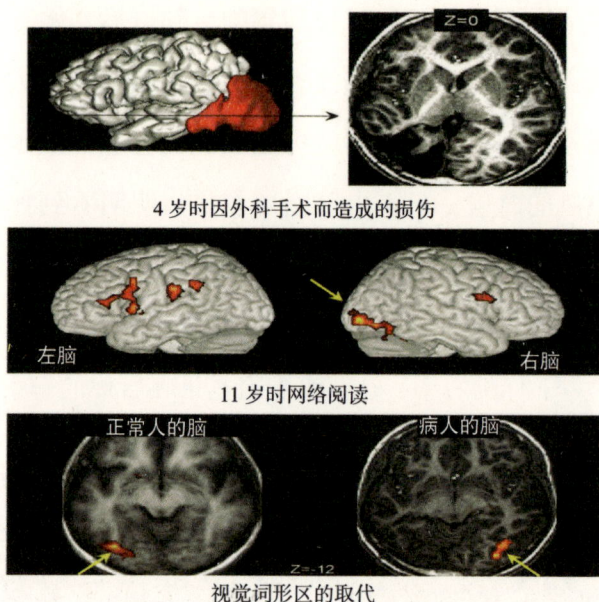

　　这是一个 4 岁小女孩的大脑，她阅读的梭状回（fusiform gyrus）因病变切除了，是个黑洞。这个地方是处理字母的地方。它变成黑洞，人就不能阅读了。可她到 11 岁的时候，阅读没有问题，把她请来照核磁共振，右边的脑把她病变的左脑的功能给拿过来了。所以各位看到，一边是正常人的脑，一边是病人的脑。我们阅读的时候是左边的梭状回（fusiform gyrus）起作用，我拉个平移线过来，右边把她病变的左边的功能给拿过来了。所以各位就很清楚地看到，我们大脑的观念跟过去不一样了，它是一个循环、轮转（cycle），它受到环境的影响，大脑产生观念，观念就引

导了行为，行为产生结果以后，就回过头改变大脑。

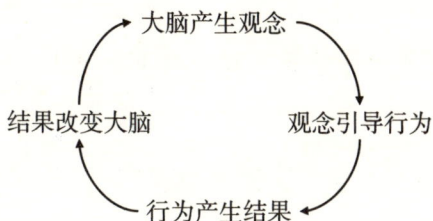

大脑产生观念

结果改变大脑 → 观念引导行为

行为产生结果

所以我们就去跟老师讲："不能骂孩子是猪，骂他是猪，每天都是猪，最后变成猪。"这叫自我实现，这个现象在20世纪60年代，心理学就注意到了，但是之后过了20年，人们才在大脑里找到它的神经机制。

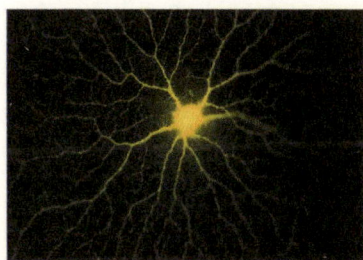

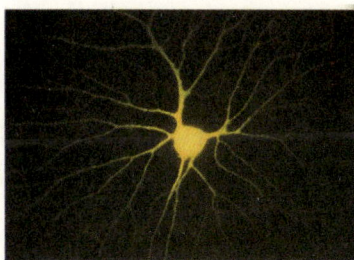

图片取材自《认知神经科学》，迈克尔·加扎尼加、理查德·伊夫里、乔治·曼根著，美国 W.W. 诺顿出版社 2002 年出版（*Cognitive Neuroscience: The Biology of the Mind.* By Michael Gazzaniga, Richard Ivry, & George Mangun, 2002, Norton & Company）

上面左边这张图是还有八天出生的小猫神经元，右边这张图是同一只猫，同一个神经元，只不过小猫变老猫了。猫在小时候，有着密密麻麻的神经联结，长大后，常常走的神经路线变粗，不常走的神经路线没有了。这什么意思呢？每一个人都是过去经验的总和。你过去的经验造成现在的你，这就非常重要了。这就像我们常说的，"你今天怎么对待你的孩子，就影响他的神经联结，就影响他明天行为的表现"。这是在医学上非常重要的一个观点。

这个实验改变了我们对于忧郁症的治疗方法。过去忧郁症的病人躺在医生沙发上，想不好的事情。现在就跟他说：不可以了，你每天想不好的事情，你的负面情绪神经就很"大条"，但凡碰到一点点跟它有关的事情，这个回路就马上活化起来了。

所以我们在精神科的墙上，一定会看到丹麦哲学家祁克果说的话，他告诉你，"生命只有走过才能了解"。牛奶打翻了，不要想谁害你打翻的，找到害你打翻的人，覆水难收，捡不起来，要赶快去赚钱买一罐新的牛奶，这是很重要的一个观念。所以我们为什么会讲，"造命者天，立命者我"，你的神经是控制在你自己手上。

罗马帝国的皇帝马可·奥勒留（Marcus Aurelius）告诉你："形塑我们的不是经验，是回应经验的方式。"人都羡慕别人，别人家的草地比较绿，别人家的太太比较漂亮，别人家的孩子比较好，对不对？其实这是不对的。家家有本难念的经，形塑我们的其实不是经验，是回应经验的方式。

所以，下雨了，不要说："哎呀，为什么下雨呀？明知道我没有带伞呀。"来不及了，雨已经落下来了，你的做法应该是找一把伞。这是一个很重要的观念。

你的想法会改变你的神经，你的神经又影响你的行为，你的行为改变你的大脑。所以我们说情绪是操之在己，不是别人使你不快乐，是你自己使自己不快乐，控制权在自己手上。

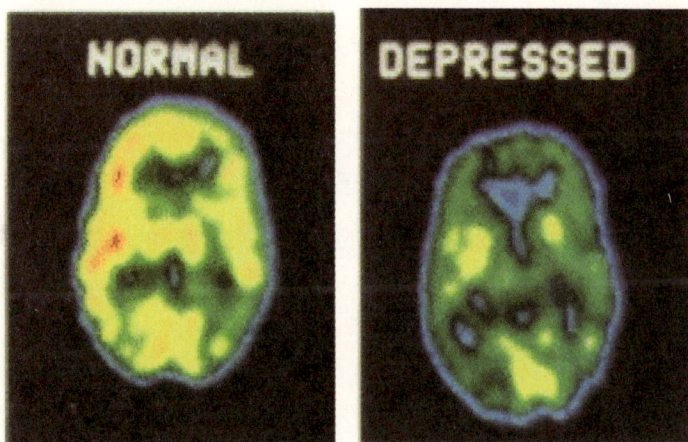

上图中右边是忧郁症人的大脑，左边是正常人的大脑。当人患忧郁症时，他大脑活化的程度只有正常人的四分之一。你跟他说：地上有一百万两黄金，弯下腰捡起来就是你的。忧郁症的人是不会要的。

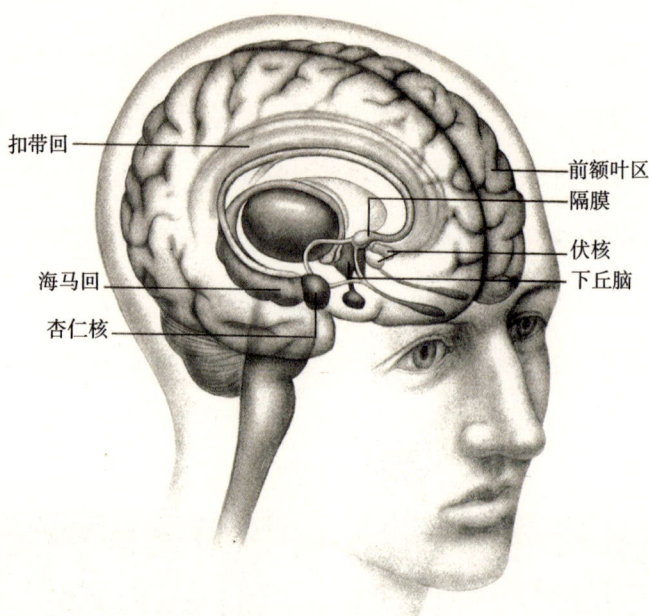

扣带回

前额叶区
隔膜

伏核
下丘脑

海马回

杏仁核

现在忧郁症的成因已经看到了，第一个叫杏仁核，它是负责负面情绪的。另外，就是我们刚看到的海马回，管记忆的地方。那么，演化偏向悲观的人，会常常无缘无故心情不好。英文有句话"Get out of bad from the wrongside"，下床下错边，没什么理由让今天心情不好了。因为演化让你未雨绸缪，今天你心情不安的时候会去看门窗有没有关好，动物有没有拴好，走了一圈以后心情就好起来。心情不好的时候，女生会去逛街、清理房子、整理抽屉，男生会去打篮球。

可是我们现在知道忧郁症最大的原因其实在于海马回，因为它管记忆。人的一生没有十全十美，所以他今天心情不好的时候，海马回就反应："我知道你为什么心情不好，你是养女，小时候被养母虐待。长大后，你的先生出轨，你的儿子、女儿都不听话不孝顺。"把所有不好的事情，都回想出来的时候，前面那个扣带回是管我们注意力的，它就把你的负面情绪锁在一个回路里面了。所以一旦知道大脑里的原因以后，你就马上知道忧郁症是控制在你自己手上的。就是说，情绪是认知对情境的解释。

我现在给你们讲一个实验，这个实验现在不准做了，因为它牵扯到欺骗。可是，这个实验不欺骗的话我也不知道该怎么做，它是非骗不可的。这是在 60 年代的哥伦比亚大学做的实验。他们在校园里贴海报，征求受试者去心理系做维生素 A 对于视力的帮助。他告诉你，要给你打一针，可是因为是侵入性，要打针嘛，给你 20 块美金做报酬。那个时候这算是很多的钱，1969 年我去美国读书的时候一个月生活费就是 20 块。打一针给我 20 块，打两针我也会来的，所以会有人去做这个实验的。打针的时候，针管上贴着"维生素 A"，现在我们知道这是此地无银三百两，真的是维生素 A，他就不贴标签了，其实里面不是维生素，是肾上腺素。肾上腺素是什么东西呢？哎呀，老虎来了、狮子来了要吃你，打仗的时候敌人追着你、要杀你，很恐惧的时候，瞳孔放大，手心出冷汗，心跳加快，膀胱失禁，这是肾上腺素的一个基本的生理的反应。

打完针以后他就对你说："现在请你到休息室休息 20 分钟，我要等到维生素 A 产生作用以后，来看它对视力的帮助。"里面有两间休息室，一间已经有一个假的受试者在里面了，是一个研究生假扮的，表现得好高兴哦，看到你来了说："哎呀，你看我今天运气多好，在校园里走的时候一抬头看到这张海报了。现在虽然挨了一针，但等一下我要请我的女朋友去吃牛排大餐，和她看一场电影，最后还会有一点钱剩下来给她买一个小礼物，好高兴！"另外一个房间，也有一个假的受试者，也是一个研究生假扮的。他在那边暴跳如雷："怎么搞的嘛，我等了这么久还不叫我去，他以为我的时间这不值钱，他以为 20 块可以买我这么多的时间吗？"他破口大骂。20 分钟到了，把你请到黑房去，眼睛盖起来，就假装测你的视力。出来后给你钱，让你签收据，你什么都做好了，走到门边的时候，他说："哎呀，对不起，请你回来一下，我忘了问你，刚刚在休息室的时候，你的心情是什么样的？这边有一个情绪的量表帮我填一下。"因为你已经走到门口了，你觉得实验都做完了，完全没有想到，这才是这个实验真正的目的。这时候你会把这种生理反应解释成：我兴奋到手心出冷汗、我兴奋到心跳加快。因为你很高兴。可是另外那个房间的人，他把同样的生理反应解释成：我愤怒到手心出冷汗，我愤怒到心跳加快。跟各位讲，你的情绪是认知对情境的解释。

在一个鸡尾酒会里面，人很多，很嘈杂。你突然听到有人讲你的坏话，就马上回头去看：什么人这么大胆？一看是你的老板，请问：该怎么办？假装没有听到赶快跑掉，对不对？可是你回头一看，是你的下属，那么你的反应是完全不同的。你走过去说："明天到我的办公室来。"我们就看到，情绪是认知对情境的解释。任何事情取决于你的心态，对不对？一块大石头，如果你顶在头上，那么你只好灭顶；如果踩在脚底下，你就爬起来了。所以希腊的哲学家告诉你，"带来痛苦的不是事件本身，是你对于事件的看法"。人生本来就没有十全十美，这个痛苦是必然的。可是，要还是不要，你自己去选择。所以孔子说颜回："一箪食一瓢饮，在陋巷，人不堪其忧，回也不改其乐。"你看很多人生活很清苦，但他觉得这是他所要的人生，他就不会觉得苦了。

在神经学上讲，任何事情超越你的能力了就形成压力。但是对于压力，你有对付的方法，就是你有选择权。

我们在大学里教书，最痛苦的地方是，孩子就业了，三个月就回来说"老师我受不了了，压力太大了"。跟各位讲，你要拿这个钱，你就把你自己的能力提升起来，去对付这个压力；你不要这个压力，就把工作辞掉，找个简单的工作。简单的工作薪水没有这么高，你就不能要求去什么好吃的餐厅吃饭或者买什么 LV 的皮包了。人生是有选择权的，而且人生的压力往往来自对情境的误判。

有位英国摄影师在肯尼亚拍过一组照片，讲述了一只小花豹追逐羚羊的故事。开始看到这只小花豹在追羚羊，你可能觉得羚羊一定没命了。看到后来，才知道追到以后，花豹是要跟羚羊玩。我们看到，三个月以内的动物还没有成年，由父母打猎给它们吃，但它们已经开始练习了——花豹看到羚羊，想跟它玩，就只好去追它。

我们人生中碰到很多很多的事情，真的是这样的情况。也就是说，当你对你的伙伴（partner）的成长背景知道得越多，了解得越多，就越不会有误会了。记得管仲和鲍叔牙一起做生意，赚来的钱管仲拿得比较多，鲍叔牙会讲"管仲家里有老母，所以他要更多的钱"。所以人在一生中，沟通是我们最重要的事情。你对别人的背景了解越多，就越不会有误会产生，而且我们对于外界信息的解释是后天认知形成的解释。

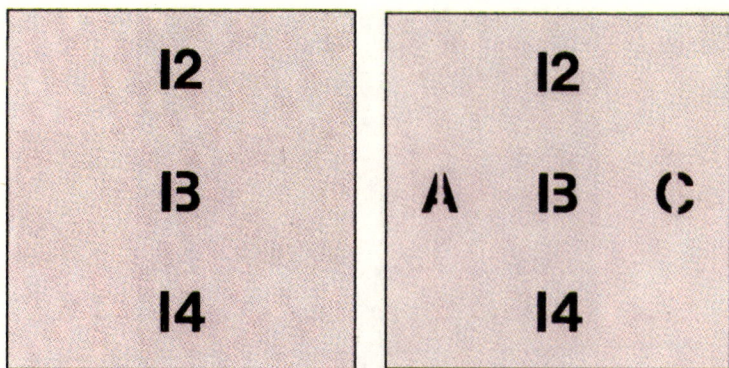

情境效应

　　这里有一个很好的实验一定要给各位看。上图我请学生读的时候，他会读"12、13、14"，现在请各位把眼睛放在中间，我来变它。各位看到了，我没有动它，我只增加了 A、C，你的 13 就变成了 B。对于中间这个刺激，你会因为上下是阿拉伯数字解读为 13，或者左右是英文字母解读为 B。同样的讯息，因为你的背景知识不同，解读就不同，这是一个很重要的观念。这就是为什么我们说人要多读书，书读了以后，你的背景知识广了，你就容易理解人家讲的，就不会误会了。

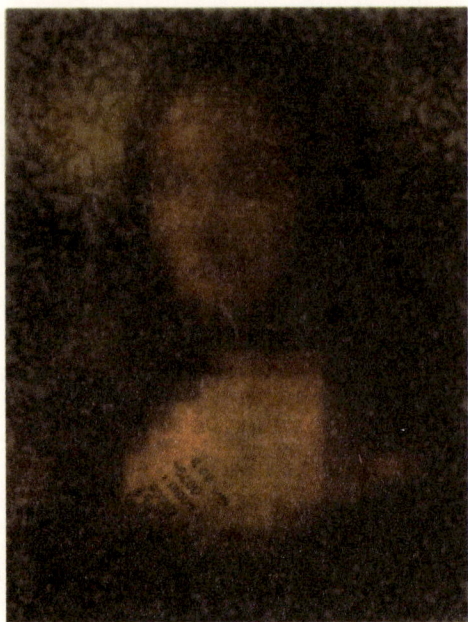

　　现在请各位把眼睛放到中间，我要给你们看一张图。你看到的时候不要想，要马上告诉我那是什么。准备好，对，你们每个人都说是蒙娜丽莎。我跟你强辩，我说是蒙娜丽莎的妹妹。你看不清脸，所以没有办法说她是谁。但是把这张图拿去给不曾看过《蒙娜丽莎》的人，看了老半天，他说"两坨牛粪"。你说这是人脸，他看不出来。因为这张图90%的信息已经洗掉了，只剩下10%。对一个曾经看过它的人来说，10%就足够了，一眼看过去就判断说是蒙娜丽莎。各位了解背景知识的重要性了，它让你在很短

的时间之内，看到你应该看到的东西。所以我们常讲，假如你今天与别人发生误会，你要面对那个人去解决，而且人生就是不停地做选择题，假如碰到一个你难以决定的选择，那么你不管选什么都是一个好的选择。

我做所长的时候，最痛苦的一件事情就是有一次去给学生证婚。那个学生跟我讲过"老师，我不知道嫁哪一个"。结婚的时候，新娘子还没有走出礼堂，就说："老师，我后悔了，应该嫁另外一个。"但我跟她说："选择是一个开始，圆满完成它才是你的目标。"各位仔细去想，人生不停地做选择，选完了就不要后悔，你把它做好。英国有一对老夫妇结婚 70 年，记者说："你们怎么可能结婚这么久，人家现在五分钟就有一对离婚呢。"老太太讲："在我们那个年代，东西坏掉，不是丢掉，是把它修好。"各位就了解了，对不对？选择只是一个开始。我们刚刚讲的那个丹麦的哲学家祁克果，他告诉你："不做决定本身就是一个决定，不做选择本身就是一个选择。"其实人生是不停地做决定，在这个过程中，要用到智慧。做决定之前想清楚，做完就不要后悔。不然的话，悔恨吞噬心灵（regret eats your heart out）。大家都知道很多人喜欢有很多太太，一夫多妻。迪恩·奥尼什（Dean Ornish）是英国的一个心理学家，他说，他本来以为最自由的就是找很多女朋友，后来发现这是最局限的。

　　曾看到一则漫画很有意思。A 对 B 说："女人真是奇怪的动物。婚前她说除了我以外什么都不要。"B 问："婚后呢？"A 回答："她说除了我以外，什么都要。"

　　生活中类似的情况很多，比如一个"第三者"跟男人说："除了你，我什么都不要。"她要你跟她结婚，跟太太离婚。可是结婚以后，"除了你，我什么都要"。这种情况，其实"齐人之福"就是"齐人之祸"。

　　我们看到，控制权在自己手上是比较好的。台湾一个非常有名的法师——圣严法师，他就说"操之在己"。

　　各位一定知道，两种行业不可出错——法官、医生。可是人不是圣人，即便是圣人也只是"寡过"，不是没有过的，但是我们都是凡人，一定会出错。出错的时候不要求别人的原谅，求你自己的原谅。我以前在医科大学教书，我们培养出来一个麻醉师，他当时 27 岁。可是一次手术时，一针麻醉剂下去，病人死在手术台上。他年轻没有经验，跟病人家属下跪要求原谅，家属说："不原谅，抬棺材见！"学生回到宿舍，注射氰化钾自杀，遗书上写着："老师，今天我一命赔一命了，他就不必抬棺材到学校，学校不会因我而蒙羞。"我们意识到，教学生最重要的是教做人做事的道理，不是教知识。

　　我们刚刚讲过，人不可能不出错。事情已经发生了，你死了，他也不能活过来，反而你死就等于白白栽培你27年，那你该怎么办呢？从现在起，我救十个人抵他的命，一百个人、一千个人、一万个人，不停地救人家的命，总有一天命就抵回来了。所以这是一个很重要的观念，事情发生了，不要去后悔，要去想怎么补救。而且事情没有到最后就不要放弃。其实这个病人的体质对麻醉药物非常敏感，她去拔牙，打麻醉药都会休克，这种状况是根本不能开刀的，病人应该告知医生自己的体质和别人不一样。如果说我的学生是按照体重计算药量，那他是没有错的。

所以我们讲"操之在己"，别人给你的诱惑多大，你都还是要操之在己。就好像做生意，如果你自己没有主控权，就不要跟人家合作。美国心理学之父威廉·詹姆斯（Wiliam James）告诉你，"人类因为心态的转变，而改变生命"，改变心态，就会改变生命，就在你自己的一念之间。"没有任何一个地牢比心牢更幽暗，没有任何一个狱卒比自己更严厉"，大多数时候人总是和自己过不去，不是别人跟你过不去，而是自己找麻烦。所以我父亲常常告诉我："如果心情不好就去睡觉，晚上不要想心情不好的事情。"面前那个高山爬不过去，觉得非死不可了，早上起来一看，不过是个蚁丘，一脚就跨过去了。所以世上只有想不通的人，没有走不通的路。而且既然人都是有长处有短处，那么要知道自己的长处在哪里，不要只注意自己的短处。

比如说，英国前首相丘吉尔、西班牙画家毕加索、物理学家爱因斯坦、英国企业家理查德·布兰森、新加坡前总理李光耀、美国前总统小布什，这六个人都是阅读障碍者，英文称 Dyslexic，这是遗传性的障碍。各位比较熟悉的可能是丘吉尔、毕加索、爱因斯坦、李光耀、小布什，不那么熟的可能是理查德·布兰森。Dyslexic 跟我们的染色体、基因有关系，主要跟我们的染色体 2、3、6、15、18之间有关系。通常遗传给男生与遗传给女生的比例是 5∶1，男生比较多，可是李光耀的阅读障碍者，儿子李显扬没有，李显龙也没有，遗传给女儿李玮玲了。以上这些人虽都是阅读障碍者，但是都对人类社会做出了贡献。所以彼德·德鲁克（Peter Drucker）告诉你：“重要的是有什么能力，而不是缺少什么能力。”

我们步入社会以后，是用长处和人家竞争，那我干吗去管我的短处？我们中国人过去都是截长补短，比如数学题目不会做，就做一百题，勤能补拙，愚公移山。可是现在的社会是一个多元化的社会，那个愚公把山移掉，愚公就老了，愚公这一生就过去了（当然，愚公移山的精神如果是鼓励坚持不懈克服困难，那也是对的）。所以发展我们自己的长处，不要太在意自己的短处。我们在实验中发现，当长处发展出来以后，它会把你的短处给弥补了，就没有关系了。

所以就跟各位讲，乐观是一个习惯。比如秃头有什么关系呢？是不是？

绘图：张军

很多人抱怨生活不平顺。我们就跟他说，生活如果很平顺，你的心电图就挂掉了，对不对？讲起来，卓别林这句话是很对的，他说："一个笑话讲了三遍便没有人笑了，为什么一个不愉快的事情要在心中讲三十遍？"可是各位都知道，何止三十遍哪，很多时候甚至是三百遍、三千遍、三万遍。所以忧郁症是人自己找来的呀，是不愿意跳出来看。刚才法师的讲座提到，有人争论观音是男相女相，我心想观音是无相的嘛，各位如果看过《金刚经》，就知道是无相的。所以不能去抱怨，不能把自己跟别人比。"抱怨像骑木马，它让你有事做，却不会前进一步"，也就白花你的时间了。

所以跟各位讲，人生本来就没有十全十美。什么叫幸福呢？就是家里没有病人，牢里没有亲人，外面没有仇人，圈里没有小人，你就很幸福了。人要知足，真的是这样。

设立诺贝尔奖的阿尔弗雷德·诺贝尔（Alfred Nobel），你知道他原来没打算把钱捐出来的。他哥哥过世的时候，报社把消息弄错了，报道成他死了。他是靠发明炸药赚到钱的，他当时自以为有钱就幸福，有钱使人尊重，有钱能使鬼推磨。他没有想到那一天因为报社弄错了名字，全瑞典人好高兴："哎哟，这个发明炸药的人死掉了，好高兴！"他就很震撼，发现有钱不能使人幸福，幸福的泉源，其实是使别人得到幸福，所以他把钱捐出来设立诺贝尔奖。各位一定知道，诺贝尔奖的宗旨是造福全人类。造福了全人类，你才可能拿到这个诺贝尔奖。所以那件事情真的很好，让他看到了幸福的泉源就一个，就是使别人得到幸福。所以，生命的意义，在于找到自己存在的价值。做一个被需要的人，你的生命才有意义，否则钱再多都没有用。

然后要跟各位讲，为什么要对别人好一点呢？你来看这只哈士奇：

刚出生……

一个月后……

三个月后……

一年后……

绘图：张军

时间会改变一切。所以对别人真的要好一点，因为"人情留一线，日后好相见"，这是很重要的观念。人不可以赶尽杀绝，要厚道，中国的传统观念向来是忠厚传家久。我们人生的幸福就在自己手上，看你怎么去想。

人为什么要多读书？因为太阳底下没有新鲜事，今天发生的事情以前一定发生过。你如果去读书，就会从书里得到人类的智慧。各位也都知道，我们跟黑猩猩 98.5% 的基因是相同的，只有 1.5% 的基因不同。那么，这 1.5% 的基因就使我们现在有这么好的享受，黑猩猩还要四处找东西吃，对不对？我们学校博士班有一年的考试题目是从演化的观点来分析这 1.5% 的差异，差在什么地方，使得我们现在可以有文明，它们却还在原始地生活。好多学生都答不出来，其实这是个很重要的观念。人类是能够享受到祖先智慧的动物。各位知道你们家的狗再怎么聪明，不能说："儿子呀，妈走了以后，你如果肚子饿，我在前面树底下给你埋了两块骨头，就去把它挖出来吃。"可是你的祖先就可以告诉你，神龛底下掘地三尺有黄金。人因为有阅读的能力，有文字的传承，我们今天可以享受到这么好的文明。同样地，利用文字的传承、阅读的能力，我们可以享受到祖先的智慧。

今天各位来参加南怀瑾老师的研讨会就会发现，南老师为什么这么受大家的尊敬，因为他真的读破万卷书。我不认得南老师，也没有见过他，但是他跟我父亲是熟悉的。我父亲非常推崇他，我 1969 年离开台湾的时候我父亲还不认识南老师。后来我回台湾的时候发现我们家客厅有一幅南老师的字，那个字写得很漂亮："晚食以为肉，安步以当车，无罪以当贵……归真返璞，则终身不辱。"这是《左传》

里颜阖说齐王的。我就问我爸："你怎么有这个？"我爸就告诉我南老师的生平，我爸非常地推崇他。我爸讲，一个人只要读通了书，就不会有烦恼，书里面就有前人的智慧，告诉你人生是为什么。

今天听到前面各位讲的话，要大家回去读书，当你读通的时候，烦恼就没有了，忧郁症也就不见了。你的人生是"造命者天，立命者我"，你的命在你的手上，因为你的脑是你自己控制的。

时间到了，跟各位讲到这里，谢谢各位！

敬　告

本文使用的部分图片未能联系到版权方，切盼版权所有者与我社联系。敬谢！

东方出版社

南怀瑾大师开放型学理思辨风范

祁和晖

（西南民族大学文学院教授、四川省杜甫研究学会副会长、四川郭沫若研究会名誉会长）

一、"南师"，"开放型学理思辨"

"南师"将是本文对南怀瑾先生的专称与简称。南师之"师"字含义有二：其一，大师——先生是儒释道三学著述等身的真正国学大师。其二，传道授业解惑的亲切师长。南师弟子大率有两大类：一类是有幸直接受南师耳提面命的受学弟子。另一类是得到南师学问人品沾溉惠泽的"私淑弟子"。"私淑弟子"之称源于孟子。孟子晚生，无缘入孔门听孔子教诲，而通过读孔子书、习孔教事而深受教化于孔子。《孟子·离娄下》中孟子自述："予未得为孔子徒也，予私淑诸人也。"后世中国文化中将"私下学习某人学术人品"称为某人的"私淑弟子"。估计南师的"私淑弟子"远多于直传弟子。故南师是中国许多读书人心中的亲切师长。

因为读南师著述，深敬其渊博精深，引起对南师家庭文脉追索的好奇。于是考辨南师姓氏是传自中原先秦古姓。得见南师令嗣南国熙君，从人类学相貌气质与名讳观察，方明白南师家庭姓氏乃从先秦古姓南宫氏而来。中国人在追问"我是谁"时，往往情不自禁追寻自己的生物学与文化学基因标志即姓氏渊源。如果南师姓氏源自先秦古姓，则南氏是中华文化史上杰才辈出的名门文化世族。史载周武王伐纣，其后方总管大臣为南宫适，武王命南宫适"散鹿台之财，发钜桥之粟，以振贫弱"。此后"南宫氏"人才辈出。迄于春秋战国，智士贤臣，俊杰美女闪耀史书。春秋霸主晋文公得美人南威而叹戒："后世必有以色亡国者。"可见南威有倾城倾国之美。战国卫君后宫、楚君后宫皆有专宠权重之"南子"。孔门弟子中有南宫子容辈俊杰。庄子对南氏家庭子弟也格外注意。于是《庄子》的《人间世》篇中有"南伯子綦"，《大宗师》篇中有"南伯子葵"，《齐物论》篇中有"南郭子綦"。南宫姓氏与东郭姓氏相对，而南宫氏多俊杰人物，东郭先生则有些老好人，为人不妙。

南师著述视野，表现出一种现代性全方位开放型品格，文献吸取上八面来风，思辨踪迹天马行空。在时间维度上视古今为一瞬，古今之间承传畅扬，其源脉乃为大同分流而激荡。在空间维度上南师思辨四通八达，中外异曲而同归，皆从人类生命意识、生存意识、世界意识上沟通探寻、彼此追问补充。因而各自着眼点虽有侧重而不同，而其"理"则有集思广益互为滋养之关系。

南师之"开放"通达，不仅表现在将过去与现在连接在一起思考，更将"未来"也纳入思考链条。有如南师对"生命"的解释：生命在业力轮回中出现、消失，每一段具体生命都只是过去、现在、未来轮回之链中的一个阶段。按南师对"生命"的思辨，凡夫的生命永远在轮回的车轮中进行，即"分段生死"。南师的哲理思辨有如生命本质——永远在路上。

南师其人肉体生命有地水火风"四大"分裂之时，而其思辨之光将永无熄灭，不会终止。他晚年忠告弟子们不要在"我执"中陷于学术概念之网中。他甚至叮咛道："我说不要研究佛学。"南师的意思是不要堕入佛学宗派学理的浅层纷争之中。显然南师自己已经蹚过了教派、宗派纷争的泥沼，已经明心见性。而一般人"理入""行入"都仅及门，甚至未入门，在涉入纷争之网时，极易陷溺。

南师在"儒释道"三家的研习思辨、著述成果与诠释成果上都取得大收获，然而他的思想状态却"永远在路上"，毫不显"停歇止步"的意念。这种永不停步、永不自闭的治学风范，这种全方位开放型学研视野心态与方式，是南师留给我们的宝贵遗产。不破"我执"，绝难进入这种全方位开放型境界。弃"我执"不是没有主见，而是滤出偏见，归依真理。

二、汇通古今中外佛学宗派深入浅出诠释"佛法"义理

《禅海蠡测》《禅话》《中国佛教发展史略》《廿一世纪初的前言后语》《如何修证佛法》等书是南师平生研习佛法的结晶。素常我们在研学、修习认识佛教、佛学、佛法中感到神秘难解的学理问题与实践问题，都可在这些书里获得开解。南师梳理印度教与原始佛教、小乘与大乘、大乘各宗派、密教与显教，在梳理中体现佛禅"万法唯识"，"本体一乘"。历史上佛家各宗各派本源上兼容互通、互补、互鉴，乃"理一分殊"关系。在"理入禅"上南氏佛学是一个榜样。南师将他"理入参悟"书成文字，普及助力众生习研。比如著名公案：

佛祖说法不语只拈花示众，听众迦叶尊者见花微笑，佛祖宣布"吾有正法眼藏，涅槃妙心，实相无相，微妙法门，不立文字，教外别传，付嘱摩诃迦叶"。相传佛祖这次灵山演法便是禅宗教旨的开始。然而这段公案故事，我等门外众生实不知释迦拈花，与大迦叶见花微笑寓意。读南师书，方略有所悟。原来灵山法会，天人供养之花满灵台，无人会花开花落、花谢果成意，注意力只想听释迦说什么话头。于是释迦以"无语"破"执念"，拈花示生死业力、轮回、解脱大理——鲜花自成自现因缘。南师疏解："一颗种子，怎么开花？怎么结果？"[1]大千世界缘起与去向，众生生命缘起与去向，皆在鲜花事相中。迦叶"懂"了释迦"拈花"所示教化，从而欢喜，于是微笑。

中国禅宗公案中，最令人难解的还有"达摩面壁"与"不立文字，教外别传，直指人心，见性成佛"心法。由于不懂，佛门内外，皆存疑惑，有的直斥其为故弄玄虚，是从文字文明时代倒退。读南师书，对"达摩面壁"寓意获三点解悟：

（一）"（达摩）是从印度过来的外国和尚，可能当时言语不太通。"

（二）"那个时代（南北朝）的人们，除了讲论佛学经典的义理以外，只有极少数的人学习小乘禅定的法门，根本就不知道什么是禅宗。"[2]达摩以"面壁"禅修示范,习禅之人要重在修禅法禅定,不重在纷争经典义理概念,"面壁"示范要学习"外息诸缘"。

(三)"(达摩)独坐孤峰,面壁相对,沉潜在寂默无言的心境里,慢慢地等待着后起之秀的来临。"[3]

"不立文字"的本意,南师学友萧天石为《禅海蠡测》所作《剩语》的诠解,差可代表南师之意。《剩语》云:"虽所提倡以'不立文字,直指人心,见性成佛'为宗旨,唯文字语言亦未始非心传方便法门;故达摩初亦曾用《楞伽经》四卷以印心,惠能于黄梅,刚道得'本来无一物'一偈,便得衣钵,唯当授受之际,犹为说《金刚经》。其在曹溪弟子亦有《坛经》之记。厥后又二派五宗……皆令自求、自行、自悟、自解;然亦不能无说,说不能无文。盖借语传心,因指见月。语言文字,有时亦不失为接引开示之方便也。"[4]

南师后来讲课中说:不立文字,不是不要文字,而是指重点要放在修持"行入"上,不要着意在文字,而无实践修行。禅宗极重"行入禅",但不废"理入禅"。禅宗传承自不会退回到文字产生前之"口耳之学"。

"教外别传"是又一悬疑公案。南师的诠解独具一格。他在《禅宗与道家》一书中辟"禅宗所谓的'教外别传'"一节专门讲释。其一,指出此说针对的是"执着教理的人,往往把教理变成思想，反而增加知识上的障碍与差歧，并不能做到即知即行，同时证到工夫与见地并进的效果"。[5]其二，揭示"教外别传，只是为表示对普通佛教佛学教授法的不同，却不异于教理以外，特别有个稀奇古怪的法门"。[6]其三，南师对于佛学教理的"教"，与"教外别传禅宗"的"宗"，做一概念的结论："'教'是教导你如何修行证果；'宗'是我要如何求证修行。宗与教，只在教导方法上不同，并不是目的有两样。"[7]其四，南师在《如何修证佛法》第十一讲中专设一节讲过度从文字含义上疏理禅观，确实导致了"心即是佛的流弊"。[8]南师分析"'直指人心，见性成佛'的'理'，越说得明，佛学则越加暗淡，修证工夫越发没有着落"，导致有些人"不信宗教……但对得起良心就是佛了……后世一提禅宗，就是参话头，其实，禅宗真正注重的是见地"，"禅宗提倡了《金刚经》以后，因为《金刚经》讲性空，容易导致狂禅"。[9]

南师的书，对"参话头""斗机锋""中阴身"等日常耳熟却难详的佛语佛法皆做出了要点指向，对众多"私淑"众生认识佛教、佛学极有帮助。比如"参话头"，南师疏解要点明晰易懂：其一，"参者，不专指话头而言"，"话头者，其原意即谓'话题'也"；其二，"禅门话头约分二种：一为有义味语，一为无义味语"；其三，"所谓参者，要人在事上、理上，足踏实地去证。而如教下所说'思惟修'，而又非纯为思惟"；[10]其四，"参话头是没有办法中想出来的办法，那不是禅"。[11]南师不仅指出"参话头"方式不是禅，更指出"默照，闭起眼睛，看着念头，心里很清静地坐一下。宋朝大慧呆骂这是邪禅……因为没有明理，以菩提大道来讲当然是邪禅。而明了理，悟了道的人默照也是禅"。[12]

佛法须借说法、读经、参修等方式才能践行。可能由于翻译佛经梵语为汉语，寻找恰当词语对应经历了很长过程，汉语表达难免漏误不准确——这是佛教中国化的过程中的必然现象，是中国僧人与学者用中国传统文化观念诠释并修订补充原始佛教经论理念的必然过程。而在重建与丰富原始佛教经义中，僧学界可能有意无意夸张了佛教的"神秘与神力"，各种高僧传中不免把一些真实的丛林故事加油添醋加以夸大神秘化，这反而引起以真实历史经验为信仰，以经史为经书的中国众多学人视原本反对迷信的佛教为"迷信"。中国读书人本质上不信奉"怪力乱神"，禅宗的本质是斥怪力乱神，故中国汉传佛教独能形成禅宗，通过禅宗而促成佛法、佛学、佛教在中华大地上勃兴。

南师是中国现当代读书人的一个具典型意义的居士代表。南师尊重古今中外佛学各宗各派，但南师不是"来者不拒"。他在中华士人价值观底色上融会贯通各宗各派。在南师看来，佛法是帮助众生认识"我是谁"，从而向善的大法，佛法不是怪力乱神的迷信。

三、打通儒释道三家义理，破除"三学"上我执

南师在儒释道三教三学上各有著述传世，南师著述等身，仅截至 2012 年，其代表性著述目录如下：

儒学著述有：

《孔学新语》（简体字版更名为《孔子和他的弟子们》）、《论语别裁》、《易经杂说》、《易经系传别讲》、《原本大学微言》、《孟子与公孙丑》、《孟子与离娄》、《孟子与万章》。

道学著述有：

《老子他说》《老子他说续集》《庄子諵譁》《列子臆说》《中国道教发展史略述》《历史的经验》《我说参同契》《道家、密宗与东方神秘学》《小言黄帝内经与生命科学》。

佛学著述有：

《禅海蠡测》《楞严大义今释》《楞伽大义今释》《禅与道概论》《禅话》《禅观正脉研究》《金刚经说什么》《如何修证佛法》《圆觉经略说》《中国佛教发展史略述》《药师经的济世观》《现代学佛者修证对话》《花雨满天维摩说法》

《〈瑜伽师地论·声闻地〉讲录》。

其他著述有：

《亦新亦旧的一代》（简体字版更名为《新旧教育的变与感》）、《中国文化泛言》、《静坐修道与长生不老》、《金粟轩纪年诗初集》、《金粟轩诗话八讲》、《人生的起点和终站》、《漫谈中国文化》、《南怀瑾讲演录》、《廿一世纪初的前言后语》、《南怀瑾与彼得·圣吉——关于禅、生命和认知的对话》。

但凡有研学撰述经历的人都知道，心中无学难以成文。南师三学著述，专业性强，文献博雅，见解新颖，在中国现当代学林中独树一帜。最可贵的是在三学著述中不持"门户偏见"，又着眼于三学在中华文化史上长达两千年的互通互学，互鉴与互相补充，互为诤友。

北宋形成儒学四大派：周敦颐、二程领导的"洛学"；张载为首的"关学"；苏轼为首，苏门学士为骨干的"蜀学"；王安石为领袖的"新学"。四派皆有著述传世。"洛学"派指斥其他三派，尤其"蜀学"派，杂取佛道之理而成"派"。苏门则指出"洛学"言理，法取佛学。

事实上，北宋儒学四派皆具有受佛道二家启发而兴儒家儒教的特点。而佛学佛教也大量借鉴中华文化传统而趋向重视历史记载，加强时、空二维坐标视角，出现梳理甚至改造佛学佛教文献资料与传承方法的动向。印度文化是缺少历史观的文化，其时空二维向无准确记述，总是无限多、无限大的想象时空。影响到佛经佛教，"大千世界"观念作为宏大的无限时空是超前的，而作为有限时空述事则是漫无边际、虚泛无涯的。于是汉传佛教仿学中国纪传体史书体例而探索有系统的高僧传谱系，如《高僧传》《续高僧传》《宋高僧传》《明高僧传》，又学中国编年体史书，而编纂成《佛祖统纪》。这些"传记""统纪"极大地帮助人们理解佛家、佛学、佛教，其巨大作用不亚于经律论三藏。甚至玄奘奉唐太宗之命撰著的《大唐西域记》成为后世研究南亚、中亚史与印度史最重要的时空上可靠的历史文献。

"三教、三家"这种互学互鉴关系，南师多次称赞，多次讲说。南师自号"老顽童"。[13]他曾风趣地说："因为这个'心即是佛'的流弊，而产生了宋代理学的发达。理学家表达的倒是一副禅宗的姿态，是从'行'门来的禅宗，而其讲人天之道的行持，又等于佛家的律宗。唐宋以后老庄思想的道家，则等于佛家的禅宗，是解脱路线的禅宗。这三家（儒释道）的相互关系极为微妙。"[14]

不仅"儒释道"三家关系微妙，中西文化关系也极其微妙。南师曾在回答学员提问"中学为体，西学为用"时说：

（一）"这个问题，不是问题"，指出这个提法出自晚清

《万国公报》华文版主笔沈毓桂 1895 年发表的文章《匡时策》，后来张之洞《劝学篇》引用并推广论述。[15]

（二）"体用"是否真能分开？南师委婉借喻，从中西文化沟通上回答了体用问题的一致性。南师说："我常常想做一个研究……就是以一个世纪为单位倒推回去，譬如推到老子、孔子、释迦牟尼、苏格拉底那个时代的前后一百年，看看当时西方出现什么人、什么思想，东方又出现什么人、什么思想，就会发现东西方的情况几乎是相同的。所以古人有两句话：东方有圣人，西方有圣人，此心同，此理同。"[16]即：在先秦春秋战国时代东西方圣人是"英雄所见略同"的；东西方文明在发育与水平上媲美，同水平文明发育出的"体用"水平也是各有其美的。"体用"互鉴则可，将体用分离而单向取舍则未必恰当。

（三）南师指出："我们这一百多年来，用的都是西方的学术。没有真正用过自己的文化学术。""其实到现在这一百年，为体又为用的都是西学呵，没有中国文化，中学为体的东西好像没有呵。"[17]南师强调文化根基在"体用"上的决定性作用。当前，中华民族文化的伟大复兴应当是"体用问题"得到新回答的时候。

文化根基才是伟大悠久民族的基因。中华文明树大根深，在成长壮大中，吸收化融了很多周围民族的文化养料。

"五胡十六国"政治上分裂,但有树大根深的中华文明砥柱存在,最后五胡化入华夏族群,十六国得归隋唐统一。宋辽金元在文化上合流于华夏文化。清朝更是华夏文化的一次重兴。中印文化沟通从东汉开始,中国通过翻译,不断吸取印度文化养料,滋养丰富自己,借鉴佛学,催生了以儒道为基因的宋儒理学。又如南师所析:"自宋儒'理学'兴起,也就是禅宗衰落的开始,这是中国学术演变史和中国哲学史上的大问题。"[18]两种水平相当的文明相遇,善于学习对方者会壮大,不善吸收异质文明者,其发展堪叹。印度古文明为何中断了?梵文为何未成为印度统一文字?中国通过引入佛学佛教,通过翻译梵文经典,深化了哲学学理而衍化出理学;又丰富了汉语词汇,精细化了汉字声韵学而形成律诗、楹联;还丰富补充中国以廿四节候为基准的节俗文化;更滋润了文学创作的多姿多彩。由于中华文明树大根深又善于借鉴异质文明之长,在吸取印度文化营养后,不仅未消失自我,反而更加枝繁叶茂。佛教在印度本土几乎无存,而在中土却深植于沃土之中,与儒道二家相伴成长。

南师在全方位开放型学术视野中,并非随波逐流、犹如浮萍,而是立足华夏,高瞻远瞩。他主张中华文化根基的底线。只要是生发于中华文化根基的枝叶,南师总是加以关注保护。令人感动的是他对待晚明方出现的一个理学支脉"理教"的态度。中国宋明理学分芽出个"理教",这在中国学界95%的人并不知晓,偶有知晓者也会轻视略过。南师却在自己的著述中,慎重介绍点评此一"理教"教派。

在《禅海蠡测·禅宗与理学》中,专辟一章讲"佛道儒化之教"。此章中先分析"儒家则偏重伦理,留心入世……弊易入霸道";"佛家则偏重心理,志求解脱……弊则流于疏狂";"道家则偏重生理,从形质入门……弊则易落私吝"。南师揭示"儒佛道三家学术思想,二千余年间,迹虽相距,理常会通。外则各呈不同之衣冠,内容早已汇归一途,共阐真理……历来三家之徒,欲调和偏执而会归一致,代不乏人,然终不能化其迹象,盖亦如形器名相之难脱也。明社将屋,有理教者崛起山东,仿元代全真教之迹,而成新兴宗教之一门,风行草偃,遍及南北,尤以北方为盛"。[19]

关于"理教"之兴,南师评价不俗,大意曰:其一,"理教之为学为道,一则为化易人心,一则为保存民族正气。虽不足语正大之宗教,实亦有可取之处"。其二,"且其汇合三教,宗奉一尊,为圣宗古佛(即观世音菩萨),而以四维八德为入德戒持之门,工夫日用则以道家之修炼为法则;教以理名,即儒家理学之义——理即是道,道即是理,理外无道,道外无理"。其三,"理学致有理教产生,遂化佛道之迹，而别成一教矣"。其四，"理教创自崇祯末造之杨来如（教中尊称为羊祖或杨祖）……终清之季，遍及朝野，风行南北，自为应此一时代之机而勃兴者"。[20]

在关注"理教"时，南师尤关注西蜀"刘门教"事象。南师写道："乾嘉间西蜀双流，有刘沅（字止唐）者出。初以博学鸿儒，不猎功名，归而学道，相传得老子亲传，居山八年而成道。以儒者而兼弘佛道之学，著作等身，名震当世。世称其教曰：刘门。长江南北，支衍甚多，而尤以闽浙为盛。"

南师分析刘门"理教"特点有三。其一，"其学以'沉潜静定'为旨"；其二，"工夫口诀，采于道家。说理传心，皆撮三教之长"；其三，"而其实质，亦为儒化佛道之另一教门，虽其标榜为调和三家之业，然亦'断崖无路只飞梯'耳"。[21]

南师称赞刘沅"著作等身"乃实指。刘沅确有《槐轩全书》传世，其《槐轩全书》涉经史子集四部，诗词文赋，甚至医药星相。其中《十三经恒解》为其代表作，反复强调"天理良心"四字教化。刘沅也因《十三经恒解》而名列《清史稿·儒林传》中。

四、以佛法因果缘起兼纳儒道生命观诠释生死现象

哲学的基本命题是探索关于宇宙、世界、生命的本源，回答我是谁，我由何处来，又往何处去。我去之前在哪里，我死之后又在哪里。

儒家《易经·系辞》提出"生生不息"论，即："富有之谓大业，日新之谓盛德，生生之谓易。"唐孔颖达解释"生生之谓易"说："生生，不绝之辞。阴阳变转，后生次于前生，是万物恒生，谓之易也。前后之生，变化改易。生必有死，易主劝戒，奖人为善，故云生，不云死也。"《左传·昭公二十五年》则提出："天地之经，而民实则之。则天之明，因地之性，生其六气，用其五行。气为五味，发为五色，章为五声，淫则昏乱，民失其性。"道家认为世界由无极而太极，由太极而"一生二、二生三、三生万物"。但生命究竟怎么形成，儒道两家都未细说，佛家则有《入胎经》《指月录》等细说。

南师据《入胎经》《指月录》之轮回论，又吸收儒道生生不息论，"一生二、二生三、三生万物"论，对"生命"现象详加解说，形成了一套完整的"南氏生命本源论"。

南师认为中国儒佛道三家对"生命本源"的认识，比世界其他宗教的"生命学说"都要深刻而科学。

第一，"生命的本来，我们中国讲的天或者道，都是代号（不是人格神），已经切断了迷信观念，是科学哲学的来源"。[22] 南师据天道理念指出，儒道二家生命观念中关于精、气、神、心、魂、魄、意、志、思、虑组成的生命系统，具合理性。

第二，南师认为生命的"三际"（过去、现在、未来）存在规律，佛法所示"三世因果"最为确切。他认为佛家生命观有几大启示是独一无二的，是最具有说服力的：

（1）"佛悟道后四五十年的说法，等于推翻了世界上一切的宗教迷信，主张一切的生命'因缘所生，自性本空，没有他力的主宰'"；世界与生命都是"缘起性空，性空缘起，无主宰，非自然"；"一切物理世界万有的生命，是由很多因素构成……万法都是'缘起'，因缘所生"；"自性空，因为空所以有了这个宇宙。这个'空'是代号，并不是讲物理世界的太空"；"世界不是唯物的，也不是自然有的"，是诸多因素在性空中因缘而成的；"三缘合和，才可以变成一个生命"——三缘者："男精女血""神识"也。[23]

（2）佛家认为"世上万物生命没有真正的静止，生理、物理的世界都在动"；[24] 生命转变循"三世因果，六道轮回"规则，因而一切眼前生命"都只是生命的一段"即"分段生死"，"业力"形成"缘起"，而"业力"非外力，而是生命自性之力。

（3）过去、现在、未来三世，虽由业力生发缘起，然而"三际托空，三段缘空"，即"过去心不可得，现在心不可得，未来心不可得"。因为，"过去"既过了抓不住；现在一刹那，又已成过去；"未来"尚未到达，无从说起。在时间逻辑上，"三际"皆无着落，故称"托空"。因此，欲求三际之"有"即陷于虚妄。[25]

第三，南师认为在认识世界与生命上，儒佛道三家互为表里。南师提出"释迦牟尼佛是印度的孔子"之说。[26]三家的生命论都具反迷信、反偶像特点。

五、南师未完成的思考

南师的视野、胸襟和气度，呈显理性的从容状态。当年袁焕仙氏在巴蜀讲传佛学。有人将其信息转告太虚大师。太虚在 20 世纪前半叶为佛家重兴奔走呼号，功德甚伟，对巴蜀佛家之重兴倾力护持。然而对袁焕仙氏之兴西蜀佛学却失之缺少尊重。《太虚大师年谱》1945 年太虚 57 岁 12 月谱记云："比年袁焕仙以禅风耸动川西，集其语为维摩精舍丛书。或以贻大师。大师略评数语。有'掷付待者'，'两样畜生''一般假名'，'一场败阙'诸语。盖恶其狂嚣，轻而勿与，致引起其徒辈林梅坡、吕寒潭等之老羞成怒，跳踉狂呼！"[27]

太虚对袁焕仙氏之点评及谱论对袁门弟子反应态度之写叙，都有失风度。但是袁门高足南怀瑾在讲学中却能平静从容地破除门户偏见，在所著《中国佛教发展史略述》中，给太虚大师以客观的极高评价。比如：（一）"自八指头陀到太虚法师，都是适应时代需要，延续佛教慧命的先哲……是值得大书而特书的人物"。（二）肯定太虚是"振兴佛教，热爱国家，一片真诚"的"苦行僧"。（三）太虚"民国初年，潜心修持，闭关于普陀锡麟禅院。此后卅年来，悉心致力于佛教的革新运动，到处讲学弘法，主办僧众教育事业。后来又到日本各地演讲过佛学。平生著作等身，纯疵互见，而其思想却极为新颖"。（四）太虚"在八指头陀的弟子中，能够继存遗志，在后来几十年中，不惜被人骂为'政治和尚'，决心为护教而努力，屡次整顿中国佛教会，创办僧众教育学校，出版《海潮音》等刊物，实在为近代中国的佛教，做了许多值得敬重的事情"。[28]

南师的胸襟值得我们学习承传——要把这种学术襟怀"永远在路上"式传扬下去。

南师曾提出释迦牟尼未创造宗教，他只是揭示了生命的本质。"我常常说，释迦牟尼佛是印度的孔子，他（佛祖）

提倡不崇拜偶像，反对宗教，可是他的教化到了中国反而变成宗教了。这是另一个问题，很有意义。"[29]南师认为不仅佛教原本不是宗教，而且21世纪更有一大课题，需要后来人去寻找正见——"廿一世纪要把所有宗教的外衣脱掉，所有宗教的大门要打开，联合沟通。不然将来一定被自然科学打垮。"[30]

南师主张研习"儒佛道"三家，必须关注现当代自然科学上关于宏观与微观世界的研究成果。自然科学研究成果，在探求真理上，具有实证性与推理性，在认识宇宙与生命上具有不可替代的力量。若对最新自然科学成果一无所知，按"老一套"念说会导致失败。应相信，"自然科学发展到最高点，可以与释迦牟尼佛所说的唯识、《楞严经》、《楞伽经》这些学理配合上"。[31]

南师身后，已经有学者引用当代自然科学成果解释生命本质，探讨量子力学与意识的关系。如《中国社会科学报》2017年8月15日发表了陈向群《量子力学解释意识何以可能》一文。陈文提出"不应仅仅将人脑视为单纯的生物脑，还需要认识到大脑中时刻进行着量子活动，是具有量子效应的量子脑"，意识不仅是单纯的生物性现象，它还和量子力学极为有关。其实南怀瑾先生早已觉察到，世界宗教在21世纪面临的课题，正是如何让世界宗教，包括儒佛道三家，在学理上能够沟通并能匹配自然科学的前进脚步。

注释：

[1] 见《如何修证佛法》第四讲。

[2][3] 见《禅话》之《中国禅宗的初祖——达摩大师》。

[4] 见《禅海蠡测》之《禅海蠡测剩语》。

[5] [6] [7] 见《禅宗与道家》中《禅宗与佛学讲录之叁：禅宗概要》。

[8] [9] 见《如何修证佛法》第十一讲。

[10] 此数段引文皆见《禅海蠡测》之《参话头》。

[11] [12] 见《如何修证佛法》第十一讲。

[13] 见《廿一世纪初的前言后语》。

[14] 见《如何修证佛法》第十一讲。

[15][16][17] 见《廿一世纪初的前言后语》之《谈中学与西学的体用问题》。

[18] 见《廿一世纪初的前言后语》之《中国文化教育的自诉》。

[19] [20] [21] 见《禅海蠡测》之《禅宗与理学》。

[22] 见《廿一世纪初的前言后语》之《漫谈教育》。

[23] 见《廿一世纪初的前言后语》之《谈如何学佛》。

[24] 见《廿一世纪初的前言后语》之《谈中学与西学的体用问题》。

[25] 见《廿一世纪初的前言后语》之《谈如何学佛》。

[26] 见《廿一世纪初的前言后语》之《谈人性的真相》。

[27] 见《太虚大师年谱》，雪窦资圣禅寺编印本。

[28] 见《中国佛教发展史略述》第二节。

[29] 见《廿一世纪初的前言后语》之《谈人性的真相》。

[30] 见《廿一世纪初的前言后语》之《谈如何学佛》。

[31] 见《廿一世纪初的前言后语》之《谈中学与西学的体用问题》。

儒释道：东方信仰的三块基石

裴钢

（中国科学院院士、中国科学院上海生命科学研究院前院长、同济大学前校长）

今天这个演讲，对我来说挑战很大，需要我讲不熟悉的东西，或是讲不好的东西，但是盛情难却，我不得不讲，更主要的是，我也愿为纪念南怀瑾先生发扬国学之宏举而推波助澜。

国学之大，大到每个人都有看法；国学之深，深到每个人都难见底；国学之远，远到需要用历史和未来做考量。什么是国学？仁者见仁，智者见智，我个人认为，国学是中华民族几千年来的立世之道和繁衍昌盛的关键所在。

今天讲"认识生命"这个题目，对我来说，理论上是好讲的，因为我是研究生命科学的，可是听了前几位的演讲，让我感到"认识生命"也是最不好讲的。

一、生命是什么

在科学范畴里，生命是什么，异议不多。生命的主要特征，对于生命科学家，包括朱老师（朱清时）在内的物理学家，基本认定生命有如下特点：第一是生命能繁衍，世界上有许多其他伟大的东西、辉煌的东西、壮观的东西，但是缺少了这么一种能力，就是生生不息的繁衍能力，这是生命特有的重要定义。第二是生命可以生动鲜活地变化，这是生命的真谛，就如同在座各位谈到儒释道，就会想到无中生有、真空妙有和内圣外王一样，这个变化对生命来说尤为重要。生命是从哪里来的，在科学上已形成基本共识，它的科学理论基础，我们称为进化论。进化论的理论才不到两百年，但是跟各位分享的是，最近这十几年来，生命学家、搞进化研究的人发现，生命的变化速度、进化速度、适应速度远远超出我们的想象。第三是要涉及哲学和宗教，生命有生就有死，有生无死不叫生命，有死无生也不叫生命，有生有死才叫生命。

比较前面的第一点，生命可以继承遗传下去，那就出现了一个命题，就是：生命到底是讲一个个体的生命？还是群体的生命？还是某个种族的生命？宇宙还有没有其他生命形式？所以这是一个非常大的题目，我不想太多展开，还是要回到与今天活动更相关的事情上来讲。

二、认识生命

生命到底是不是可以认识的呢？这又是一个哲学命题。生命的现象非常复杂，究竟复杂到什么程度？比如我们今天在座的各位，大家听我在说，知道我在说什么，大家在看，知道我给大家看什么，大家在想我说的话，这些都是在认识。我们时时刻刻在认识世界，认识世界与生命的关系、天与人的关系，所以认识生命是一个很大的命题。我不知道到底生命更大还是认识生命更大，但起码这两者都非常大。因为生命是无穷无尽的，所以认识生命也应该是无穷无尽的，应该从不同角度来认识生命，这样的话，我们的生命才更有意义。

有个词，神经科学现在用得比较多，叫"认知"。"认识生命"中的"认"和"识"是两件事，认知中"认"和"知"也是两件事。尽管存在争议，但是今天纪念南怀瑾先生，他把"认识生命"作为一个命题，引导大家在国学大讲堂里面讲，是一个非常了不起的事情，但是也是非常难的事情。

在座的朱清时老师曾经试图用另外一种角度和理论来认识生命，上次"香山会议"我也提到这样一个议题，希望和大家来商讨。我们讲"认识生命"这四个字，实际上有多重含义。但是我今天说的"认识生命"是在科学范畴之内。我们现在所谓的科学是文艺复兴以后，在西方兴起五百年左右的一个显学，是认识世界的一种方法，而且导致整个世界发生了巨大的变化，科学的力量是史无前例的。科学到底是什么呢？科学实际上就是认知客观世界和主观世界，包括大脑运行的规律，知道以后就可以模仿、创造、学习，这就是它的本意。那怎么知道它是科学呢？怎么知道它是对的呢？所以科学又建立一整套游戏规则来判断对错。这就是科学所以强大，不能被打败的原因，许多情况下，尽管刚开始科学的火苗很小很小，在这个世界上几乎看不到，但是它一旦燃起，就会变成熊熊大火，燃遍整个地球和宇宙。挡不住它，因为它是事实。

科学有自己的内在规律，对世俗社会的规范和世俗游戏的规则，可以起到颠覆性的作用。所以从某种意义上讲，科学是革命者，是造反者，是颠覆者，它总会提出来很多当时一时很难接受的事情，比如生命科学里面的克隆技术，能不能把在座的各位克隆一下？从某种意义上用技术是可以做到的，许多动物都已经被克隆了，但是克隆的人不等于原来的人，因为这个人思想的形成要经过漫长的经历，没有这个经历就不是原来的人。

我再举个例子来说明科学的颠覆性，谈虎色变，耸人听闻，使人惶惶不可终日，就是"基因编辑"。我们常说"龙生龙，凤生凤，老鼠生儿会打洞"，龙为什么生龙，凤为什么生凤？因为有基因遗传基础，但是现在出现一种新的技术叫"基因编辑"，它可以改变这个遗传基础。现在已经有人宣称，根据你的基因组信息，可以判断你的容貌、你的长相、你的颜值。如果基因决定容貌是事实，那么基因编辑完以后，整个人类的容貌就会发生巨大改变。当然我并不认为这完全是事实，因为基因不可能完全决定你的容貌。

我们谈儒释道、谈国学时，经常谈到的一个方法学——思辨。谈思辨就进入了哲学范畴，哲学不比科学，因为科学要拿证据，要拿出实验证据来，爱因斯坦也需要证明狭义相对论，引力波的存在也要被证明，不证明就没有人相信。但是哲学有这么一个好处，它推崇思辨。中华民族文化、国学文化的精髓，包括大家非常欣赏的儒家、道家、佛家经典的一些例子，都有一种思辨在里边。而且这种思辨是人类不同文化起源都已经分别达到的高度，不管是中国、印度、希腊、埃及，他们都有一个思辨的思维。思辨的思维也是讲道理，要把这个世界的道理讲得清楚。

哲学世界有许许多多的道理，各家讲各家的道，各家讲各家的理。所以哲学到底是人之道，还是天之道？实际上就是南怀瑾先生提出的这个问题，到底这个道是可知还是不可知？可用还是不可用？为什么中国人叫"道理"？你讲不讲道理呀？你是在讲"道"，还是在讲"理"呀？这个理就是指我们今天日常生活中，要有一个约定俗成的理。我们大家都穿衣服，如果你不穿衣服就不讲理了，也不讲道。如果你把裤子穿在上身，也不太像话，那是前卫，那是嬉皮士，不是大众之常理。如此我觉得哲学应该是国学的一个基础。

今天我即兴讲，如果打通任督二脉的话，打通儒释道脉路的话，如果儒释道真是相通的话，相通之处就是在天之道、人之道合二为一之道，这个道就是哲学上的唯一命门。关于这一点，我觉得我们大可百花齐放、百家争鸣来谈认识生命，包括生命的意义，包括每个人生命的意义及我们群体生命的意义。

我在三亚见过本焕法师的大弟子印顺法师，我们讨论过许多问题。我认为信仰是人类的一个表征。因为今天还没有办法来完全阐明人和动物的区别，但是在我们讨论信仰这一点上，也许可以做些论证。人，还不一定是所有的人，具有信仰，信仰是非常重要的，因为这个世界是太物质化啦。所以我跟吕总（吕松涛）讲，每次来太湖大讲堂都感到很亲切，这里的一切都很简单，一切都很简单就觉得很舒服。如果要很复杂的话，一百里外的大上海什么都有，很复杂，花花世界。整个世界都是物质的，单纯由物质构成的世界，对人类社会是不是足够？是不是平衡？是不是能够幸福？是不是能够和谐？大家看一看当今世界吧，越发会感到信仰是一个非常重要的问题。

那科学也可能成为信仰，哲学也可能成为信仰，为什么社会上还有哲学、科学之外的信仰存在？这就是儒释道以及其他一些信仰在另外一个层面上的人，用其或多或少解决了各自精神家园的问题、心灵港湾的问题。我刚才讲，在科学的基础上它要求证据，而我们今天讲认识生命，并不是在纯考证的基础上，更多是哲学基础上的关于人生目的的问题，总体来说，应该是信仰需要回答人生目的。所以，在这个范畴内我们来讨论这个问题就比较清楚了，否则这个问题拿到社会上去讲，有的人讲你这是不科学的，有的人讲你这是不现实的，等等，这些问题出在哪儿呢？出在把科学、哲学和信仰三者混为一谈。但是由于三者都存在于现实之中，它们不可能不相遇，不可能不碰撞，不可能不冲突。可能在座的每一位都有体会，可能每一个家庭和每一个社会单元中都可能有一定的碰撞冲突。然而碰撞冲突并不是一个完全不好的事情，不等于我们大家不能在一起，君子和而不同嘛。

三、儒释道

我没有见过南怀瑾先生，我到网上去查，看看大家最推崇他什么，结果恰好和我讲的题目不谋而合。我在网上查到大家公认南老师的第一条就是"人生的最高境界——佛为心，道为骨，儒为表，大度看世界；技在手，能在身，思在脑，从容过生活"。一个是出世，一个是入世，这个世界上只有两件事，能不能出？能不能入？什么时候出？什么时候入？我非常认同这样的说法。

上个月我去了云南的宝相寺，山上有个小庙同时供奉儒释道的三位先圣。这是我第二次碰到这样的供奉，第一次是十多年前在武夷山。我感觉很有意思，我们讲三者融合，也好奇他们怎么排位子。我们中国最讲究排位子啦，从左往右就是儒释道，毕竟是在佛教的庙堂里，所以释迦牟尼居中也说得通。第二点很有意思的是，释迦牟尼坐的是莲花宝座，老子是骑牛的，这是大家都知道的。那么请大家猜，孔子坐什么呢？这实际上是没有固定答案的，只要孔子坐着舒服就行了，这可能是一个最好的答案。而我们现在学校教育中很大的败笔就是总要有一个标准答案，答对了老师就给个高分，实际上这个世界上哪有那么多固定答案呢？孔子坐着舒服就行了。告诉大家，孔子在这里坐的是一条龙，这就是中国文化的历史，所以这张座位图片包含了中华文明三千年的历史。

儒释道各家源远流长、博大精深。释家《心经》是我个人比较欣赏的，因为佛教太深奥，所以国人的智慧就把佛教变成禅宗；禅宗以后，佛就入心了，就入世了，就入俗了。这里头充满了哲学思辨，"色不异空，空不异色，色即是空，空即是色，受想行识，亦复如是"。现在有虚拟现实，你在房间里要喜马拉雅就有喜马拉雅，要北极就有北极，比上海昂贵的风景房价要便宜得多。你还可以闭目打坐，所有的世界景色都过来了。所以它这个"空"字是非常重要的逻辑，为什么呢？整个世界都是实的，我们房间的墙是实的，有多少人有能力穿墙而过？但是只要辩证去想，实的东西也是空的，空的东西也是实的，那就释怀了。所有的荣华富贵、高官显赫，一切都是空的，所以对我们心理是非常好的安慰，能看空放得下。我这是比较片面的理解，从自己的角度理解。

道家也有同样的哲学逻辑，到底这个事情是"可道"

还是"不可道"？是"可名"还是"不可名"？这句话是《道德经》中最本质的。有一种解释是可道就不成为道，可名就不成为名。另外广义一点，就是讲有和无的关系。《道德经》讲无生有，有生万物，"一生二，二生三，三生万物"。我觉得道家思想在当今世界非常有用，为什么呢？比如"上善若水，水善利万物而不争""夫唯不争，故天下莫能与之争"等。这个世界上大家都在争，这个争不是人类的专利，不能说是人的缺点，你看所有的动物世界都在争，因为生命的本质里头含有一种"适者生存"的道理，但是只有人才能理解不争。如果你心静如水，如果你静水深流，世上好多事情就能解决。所以释家、道家在这一点上有许多相通之处。

儒家实际上是讲大千世界如何来运行，讲我们如何做人、做事、立言、立德。儒家很重视我们讲的认知，"学而时习之，不亦说乎？"这样一个逻辑。那你不学肯定不行，没有任何人先知先觉，所以我们大家都来学习，来认识生命，这是非常好的。孔子还说，"三十而立，四十而不惑，五十而知天命，六十而耳顺，七十而从心所欲不逾矩"。人生不同阶段做不同的事情。最近有几个企业家在辩论，也都是用这样一个逻辑，到什么时间点，就做什么事情，前半生是挣钱，后半生是花钱。"三十而立，四十而不惑"，现在人的寿命增长了，所以我们现在不知道应该怎么改变为好。过去"人生七十古来稀"，现在九十岁可能等于过去七十岁。但是认识世界能不能拉长，是不是一定等到"七十而从心所欲不逾矩"？我觉得信仰有个好处，就是你用不着那么晚的年龄才能够达到"耳顺"和"不逾矩"的心境。

中国人很推崇阴阳，儒道哪个是阴，哪个是阳，我不敢断言，这里没有任何褒义和贬义。我大胆做比喻，如果儒家入世是阳的话，那谁来平衡它呢？就是道家为阴来平衡它。释家负责坐在中线上、杠杆上，负责中点（阈值）的高低，这三者之间形成了非常好的和谐局面。因为如果没有中间支点，很高或者很低的时候就容易大起大落。所以说世上最好的补药、最好的药方，就是阴阳平衡，可以是药补，也可以是心补。

现在回到主题上，我们今天的主题是国学，什么是国学？这个题目太大。国学，顾名思义，是中国的国学，不是日本的国学，也不是韩国的国学，但是东方文明有很多相似之处。这里我不再展开，但是我想讲儒释道是主要的三块基石，是三原色。这个世界上虽然有各种颜色，但是起点就是三原色，只要这三种颜色定了，世界上所有的颜色都可以定了。那么儒释道是不是可以起到这样东方文化及信仰基石的作用？当代中国的信仰如何来建立？这些都是至关重要的大问题。我在这里抛砖引玉，可能文化和信仰的关系就是国学的关键，就是如何来理解国学中的文化成分和信仰成分。刚才我讲了儒释道三者各有不同，但是都有哲学思辨思维，这是相同的。但是在信仰形式层面上，大家各有千秋。中华民族到底缺什么？大夫经常说，实在不行，回家吃点复合维生素。看来我们缺的维生素，可能就要在儒释道三者中去找。

这三者关系挺有意思。今天我们探讨认知生命，我们讨论生命的时候，肯定不是简单的"生命科学"的"生命"，我们今天谈国学的"生命"，纪念南怀瑾先生所谈的"生命"，肯定是个大生命的概念，其中很大一部分包括生命的意义。这是非常重要的一个体系，我们讲脑科学、认知科学，"认"和"知"，"知"和"行"，都是很重要的问题。儒释道怎么来贯通，怎么来认识生命，在新的儒释道统一框架下来重新诠释生命？而且这个生命不是在书斋中、学堂上谈谈而已，应该是广在人间的。

四、古为今用

我举几个例子，今天陈凯先院士讲了中医药与生命的关系，实际上我也参与了很多中医药的事情。中医药的难点实际上是什么呢？我刚才讲过，第一是科学，第二是哲学，第三是信仰，三者相辅相成构成了文化。传统中医药很大一部分是文化成分，有哲学成分，中医都是讲阴阳虚实的。中医中药涉及中国文化的发展，这是一个高度，这就是毛泽东为什么将中药提到这么高。我们看中医中药，我们看中华美食，我们看京剧，都不只是就医、就吃、就乐而已，我们要把这些当作文化来对待，应该在原汁原味的基础上百花齐放，与时俱进。

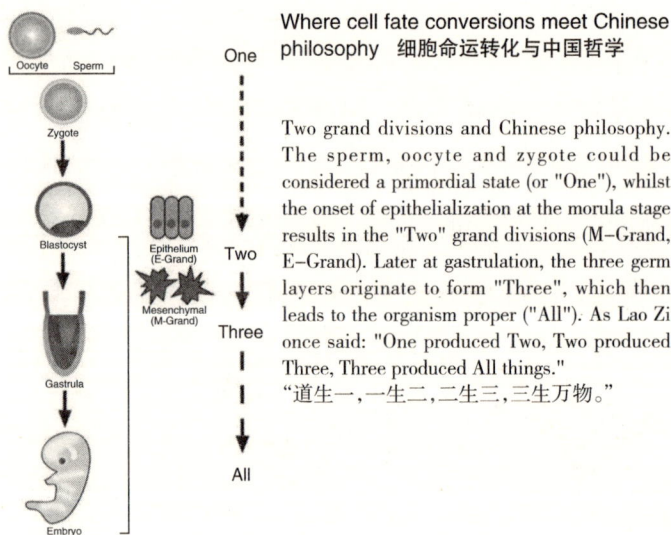

Where cell fate conversions meet Chinese philosophy　细胞命运转化与中国哲学

Two grand divisions and Chinese philosophy. The sperm, oocyte and zygote could be considered a primordial state (or "One"), whilst the onset of epithelialization at the morula stage results in the "Two" grand divisions (M-Grand, E-Grand). Later at gastrulation, the three germ layers originate to form "Three", which then leads to the organism proper ("All"). As Lao Zi once said: "One produced Two, Two produced Three, Three produced All things."
"道生一，一生二，二生三，三生万物。"

第二个例子，我和广州的裴端卿院长都是做干细胞的，这篇小文是发在 *Cell Research* 上的。我们想用中国的哲学来解释，干细胞生物学中的细胞命运转化的过程中，怎么来实现阴阳平衡，"一生二，二生三，三生万物"。大家都知道，一个精子，一个卵子，阴阳结合的时候，就产生一个生命，这个结合的胚胎就会产生两个细胞，四个细胞，八个细胞，一点点最后变成动物或人，所以我们就想诠释这样一个"生命之道"的概念。

第三个例子就是老年痴呆，我们如何来面对老年痴呆。老年痴呆有一个原因是，在孔子那个时代，七十岁已经是很老了，现代可以活到九十岁、一百岁，大家经常听说一百二十岁是上限。如果老年痴呆没有解决的话，活到一百二十岁的话大多数人都可能是老年痴呆。解决老年痴呆问题，要古为今用、中西结合、多靶协同、防治并重，也就是要讲阴与阳、身与心、标与本等等。

五、怀念大师

"三千年读史，不外功名利禄；九万里悟道，终归诗酒田园。"据传这是南怀瑾先生的诗，但是有些南老师的学生说不一定是他的，我觉得写得非常好。在走廊上看到许多南怀瑾先生写的话，我觉得非常有味道。不管从哪个尺度上、哪个角度上琢磨，这两句话很深邃。五年前，南先生离开的时候，我的一位导师——他活了百岁——也离开了。当时我写了几句诗："新竹争春时，老松笑看之；百年风雨后，依然是我师。"这就是老师的力量。我想南老师的力量不是拘泥于一家之说、一派之门，而是努力融贯儒释道三家，真正的目的是弘扬我们的国学。中国是世界第二大经济体，我们的软实力在哪儿？我们的精神家园在哪儿？我们最强大的东西在哪儿？就是我们中华文化，就是我们的国学，而要研究好国学，谁也不能离开儒释道这三块基石，它们永远是我们的经典，松竹梅永远长青。

附：互动问答

提问：刚才这首诗最后一句"依然是我师"，松竹为什么会有师？

裴：我只是这样想象，因为孔子说过，"三人行必有我师"，近朱者赤，近墨者黑，师承还是很重要的。我们讲"岁寒三友"：松、竹、梅，现在也有讲"岁寒四友"：松、竹、梅、兰。我觉得中国文化博大精深，进入国学这个大学堂的门，外边越是大千世界物欲横流，里面越需要这么一种松、竹、梅、兰的情结。所以我觉得他们可以作为师。在座各位都是师，也都是友，南老师最大的优点就是他亦师亦友，师友兼顾，所以他的影响力非常大。

提问：关于老年痴呆症，我们看到一些老年人，比如南老师年纪非常大，但是头脑还是非常清楚，但是有的老年人年纪大了以后，思维就退化了，形成的原因是什么？

裴：你问了一个很重要的问题，简单地回答，就是三个字：不知道。大致来说，老年痴呆出现的主要原因之一是人的寿命没有过这么长，如果有上帝的话，就是说上帝没有设计这么长。好比我们现在的汽车开十万公里基本没有事，各方面都挺好，但是开了十五万公里，可能就要有一个部件损坏啦。心、肝、脾、肺、肾、脑子，反正概率上总会有一个要坏的。我和吕总（吕松涛）有一个很重要的交集就是他们绿谷全心全意在做抗老年痴呆药物。还有一个哲学问题是，人稍微痴呆一点是不是好一点？我们总是算得太聪明，聪明反被聪明误，我觉得年轻时就可以不要太聪明。

提问：裴老师您好，我是您的学生，同济大学的。有个事情想向您请教一下，我们在读书期间，国学的教育体系怎么和大学的教育体系相契合？我们在读书期间必须发论文，必须做研究，有些时候好像变成了任务。

裴：你问的问题，我可以从几个角度去回答。我上午在北师大，策划一个项目就是研究青少年脑发育。脑发育我们都只讲智力怎么样、分数怎么样，能不能考上清华北大，但是没有想为人怎么样、处世怎么样、对父母怎么样。我很好奇，对父母孝顺的生物学基础是什么，对别人发善心的生物学基础在哪儿。以前作为大学校长，我经常自我解围，说有些事到上大学的时候再抓就晚了，要从娃娃抓起，国学也应该是从娃娃抓起。儒释道三者怎么样融入到我们的社会教育、学校教育里？不光是理论，而且要行动，要知行合一，实际上有些道理说得再多也没有用。所以现在很多人办私塾来做国学教育，有家长自己教的孩子考上了大学，但是人生和人际交往这些课他没上啊，他怎么跟社会和他人打交道哇？什么是人？仁义礼智信、温良恭俭让，他都没学会，就学会数理化了，怎么办哪？总之，我认为国学教育包括伦理教育、道德教育，应该作为全民教育非常重要的基础，是中华民族复兴的一个必要和前提条件。

互动篇

　　2017 年 9 月 28—29 日纪念南怀瑾先生逝世五周年活动，除二百几十位老同学、老朋友以及政府嘉宾参与外，特别为社会公众提供了一百个参会名额。为增加社会公众嘉宾此行的收获，主办方特别在 9 月 28 日下午设答问会，邀请宗性法师、宏忍法师、古国治先生，就身心修养与家庭教育两方面，与参会者互动交流。

　　宗性法师在前篇已有介绍。宏忍法师，先后师从忏云老和尚、南怀瑾先生，现任南怀瑾学术研究会副会长。古国治先生，师从南怀瑾先生，现任群学书院副院长、南怀瑾学术研究会副会长。

　　本篇选录答问会大部分内容，与读者分享。

身心修养与家庭教育答问会（选录）

（一）

主持人（崔德众）：

各位来宾、各位朋友，下午好！

大家此次专程从各地赶来参加南怀瑾先生逝世五周年纪念活动，作为大会的主持人，请允许我代表主办方向大家表示热烈的欢迎！

作为明天大会的暖场活动，此刻我们在这里举办的是现场答疑专场。我们就身心修养以及家庭教育方面的问题，回答到场朋友的提问。希望通过我们的交流和讨论，能够促进对南师怀瑾先生学术的学习和领会。更希望新老朋友在三个半小时的活动中能各有收获和心得。

本次主办方邀请了三位答疑的老师，他们分别是宗性法师、宏忍法师以及古国治先生。宗性法师因为在另外的场地有法会相关活动，稍后才能赶到我们这个活动现场。首先在这里给大家答疑的是宏忍法师和古国治老师。有请两位，大家欢迎！

本次活动开始前，主办方在网上征集了一些问题，那么大家来到现场更希望面对面地交流和提问，如果大家有什么新的问题随时可以举手，我可以随机地选取朋友们的问题，然后由现场的嘉宾来回答，好不好？

我首先介绍一下两位老师。宏忍法师，不知道大家熟不熟悉，她跟随南老师学习三十几年了，一直在南老师身边做秘书工作，是幕后英雄。那么古老师，有一次我问：古大哥您跟老师是哪一年，您第一次见老师是什么时候？古老师说："1973年。"1973年我刚一岁，古老师在大学的时候就听南老师的课，四十几年哪。那么，在世的学生中，他们两位的年纪还不算大的，很多人知道刘雨虹老师今年九十七岁了。因为老师弘法七十年，他所教育的学生已经好几代了。那么，早期的学生，比如说老师在大陆期间的学生，很少能够找得到了。我们今天有幸请到两位学长，是南师在台湾时期的学生，希望大家能够珍惜这个时间，三个半小时说长很长，但是说回答问题又回答不了几个。希望大家踊跃地提问。

那么首先问问大家吧，大家谁有提问，可以举手，关于身心修养以及家庭教育方面的。

看来刚开始大家比较客气，比较害羞。那么我们就先按照大家在线下预先提的一些问题提问。

第一个问题，某先生提问说："不管这个世界进步到什么程度，佛的世界和人的世界功德和智慧的程度总是不一样的，因而等级的差别总是存在的，现在的世界希望用教育的公平追求财富和身份的平等，在我看来永远是不可能的。佛祖如何在未来的世界让人各安其命，各安其分呢？现在的教育在求生技能方面是普及了，但在心智方面的教育却感觉越来越远了。是不是在未来的世界，佛能够给世界创造一种给善恶发放等级文凭的教育，那样也许世界离战争和杀伐就远多了。"

这个问题提得很有意思，那么两位答疑的老师，我也临时按照角色给他们分配一下这个工作量。这种和出世法和佛教有关的问题，先请宏忍法师来回答，谢谢。

宏忍法师：首先我要先说几句话，在座的各位有很多佛学的造诣非常地深，个人的修持也很有成就的。那么今天我个人的心情，是站在这里接受考试的。刚刚提的这个问题确实我也在思考，也没有答案。但是，有两句话，我想可以先解答一下。南师的诗里面讲到"万物由来自不齐，南山高过北山低"，五个指头伸出来永远是参差不齐的，对不对？不可能在相上得到统一整齐，所谓性相，本性上是统一的，所谓如是性如是相。其次，佛陀与众生平等，不能主宰任何人，佛陀只是分享过来人的经验，他已经告诉世人身口意行为的因果，各人还要自觉自度，自己安身立命。如果这样去理解的话，我想这个就不存在问题。南师讲过，中国过去也有用"功过格"来使人们自我检点改善品行的。各个时代也有相应的善恶道德观念。我这样答复，古老师行吗？或者在座的有没有觉得有更好的答案帮助大家，我们一起讨论，好不好？

假如没有的话，那么今天在座各位全都拿到大会送给大家的一幅字，不晓得有没有人看，看了吗？会不会背？不背没关系，那么我就当作供养大众，用闽南语吟诗的方式来吟诵一下。因为刚讲到，万物其实原来都不齐的，不要在相上去追求平等，这是不可能的。那么怎么样呢？南老师这一首诗："万古千秋事有愁，穷源一念没来由。此心归到真如海，不向江河作细流。"我们大家走在这条道上，修学与身心修养的这个道上，我想，都有这样的一个目标、一个追求。在我个人最喜欢的就是这一首，有时候遇到自己困惑不能解答的问题，这一首诗一吟，自己很多疑问就解决了。那么我现在吟诵一下，供养大家。（宏忍师吟诵）

主持人：非常感谢，宏忍师非常慈悲！这个唱诵法门，宏忍师是得了真传而且非常有修持的。南师在世的时候在很多场合或者平时讲课后，都会让她带领同学们或者是来的访客，一起来练习，一起来修行。今天大家有机会能跟宏忍师一起唱诵，的确是没想到，师父很慈悲。看看今天如果时间够的话，在活动最后能不能请宏忍师也教我们一些华严字母的唱诵，到时候再看。

下一个问题，有请宏忍法师回答。"修养方面，心中向往明心见性，了生脱死。可是值此时代'大师'辈出，良莠难辨，除了南老师的遗作之外，不敢将身心别有托付。即便如此，非议南师者也每有耳闻。不屑者多，迷信者众，环顾周围，心中常常升起孤凄之感。生于斯世，该如何自处呢？"

宏忍法师：我作为一个出家众，在几十年前，到南老师身边学习。我出家的因缘很好，我从十七岁开始学佛皈依，我的皈依师父是上忏下云法师。忏云法师在佛教界里面，是非常有名的大师。我十七岁跟他皈依，修持念佛法门，到二十几岁出家。我出家的寺庙在基隆，我的师公叫上道下源老和尚。当我有这个因缘，看到南师的《唯识与中观》，再后来看到《习禅录影》，那时候三十二岁，我就开始依止南师学习，到现在六十六岁，三十多年了。现在南师虽然离开我们，但是他的法宝都留在这世上。所以今天大会给大家准备一本《禅海蠡测》，这本书读的人不多，可能看到封面的人不少，但是能够坚持读下去的人不多的。那么在这里面，我个人的心境就是"学道须是铁汉，着手心头便判，直取无上菩提，一切是非莫管"。这是我个人的一个心境，今天有这个缘分，那么我也奉献给大家。

问：假若今生想脱轮回，了生死，那么我们在当下的社会中应该选择居士修，还是出家修？

宏忍法师：我觉得问题的答案应该在你那里。你是想出家修还是在家修？不要问我们。这个其实没有定论。像我，我要是不出家，南老师一句话送给我：嫁人的话，非死即离。（众笑）那我要不要出家？当然出家了，不要去害人了嘛。但是你要是成家，这个责任该挑还是要挑，要承担的、该承担的要勇于承担，不能逃跑，对不对？既然你有这个因缘，那你就尽量成就它。这也是一种苦行，比出家要苦，成就要高。所以我对在座各位在家菩萨，我真的是恭敬礼拜，因为在这个时代确实是太不容易了。

（二）

主持人：这个问题是某女士提的。她问："日常生活中可修行，修行在家好还是出家好？"我插一句，因为我最近正在参与校对老师繁体版的书稿《花雨满天维摩说法》，维摩诘居士是在家修行，有一句话我印象很深刻，维摩诘居士"虽为白衣，奉持沙门清净律仪"，我们共勉。接上面的问题："日常生活工作中都可修行，而静坐是一种很好的修行方式，请问如何提高静坐的效果？从内在来讲是一念不生吗？外在是有修行高的人加持吗？是不是要有上师、活佛、师父加持，怎样避免走火入魔？"第二个问题："《六祖坛经》市面上有几个版本，哪一个版本更贴近真实？'无所住而生其心'与缘起性空、性空缘起有什么共同点和区别呢？"这几个问题先请宏忍法师回答一下，好不好？

宏忍法师：真是大问题。修行本来就在日常生活中，静坐只不过是日常生活中的四威仪——行住坐卧中的一部分。那么如何能够在静坐中提高效果？可想而知就在行、住、卧当中，也不离照顾这个心念。

今天下午也奉赠了各位一本南师讲的《心经修证圆通法门》。《心经》我在十几岁就开始有接触了。当时有一位法师叫斌宗法师，台湾人，他为了参研佛法，到大陆鼓山涌泉寺，后来教理学天台宗的判教，回到台湾以后弘法。他注释了《心经》。那时候看这部经，真的觉得是佛法的一个入门，基本上把佛教的名相，把什么是心解释得很清楚。所以从那时候，我最受益的就是开头这一句——观自在菩萨。因为随时我们都不能自在，包括我现在坐在这里，面对着大众的这种威德，我也很难自在。但是，观自在菩萨给我这个加持，让我坐在这里，勉强可以自在，勉强可以面对这些问题。所以，我觉得要随时念念正观。

《楞伽经》里面也教我们，唯心直进，自觉圣智。就这一念，心能够信得过就这么地观照它，自助才能得到他助。心念要能够念念在这一个正念上。我们再分析一下这个"正"字，"正"上面是"一"，下面是"止"，止于一。佛经里面也讲到，系心一缘，制心一处，无事不办。这是一个最基础的修养、修行方法。假如说我们能够念念在这正观上，魔从哪里生呢？魔也是从这一念生，这一念偏了才有魔，这一念系心一缘，唯心直进，在这一念上，魔无从得入，这是我自己的一点体会。

至于第二个问题《六祖坛经》的注解，我个人推荐丁福保先生的笺注，就是唐朝法海法师录的那本。丁福保是民国初年一位佛学大家，他编了《佛学大辞典》，他这个注解我认为还是比较好的。那么问到这个"无所住而生其心"与缘起性空、性空缘起的关系。我个人认为，无所住而生其心即是缘起，即是性空，性空才能缘起。

佛种从缘起，成佛作祖，乃至下地狱，轮回六道，一切一切都是缘起，应无所住而生其心。看我们随哪一个缘起。随六度万行，在座很多行菩萨行，做一般人难行能行、难忍能忍的事情。像南师，感召了这么多人来纪念他。这是大菩萨行，这是成佛之行，这是一种缘起。

那么大家有时候难免面对着现世科技的进步，世间万象万物变化这么快，有时候自己也非常地迷茫，这时候会退却，也是一种缘起。

像苦、集、灭、道，佛说的四圣谛法，有时候会厌离，不想入世，那么就变成一个出离的缘起。

有时候想想，还照顾到自己的亲人、自己的朋友，自己尝到了法的甜头，想想还分享给他们，这也是一种缘起。

总而言之，重要看自己当下这一念心随什么缘起，应无所住而生其心。既然是缘起，就没有固定不变，本无所住，所以叫性空。好，报告完毕。

主持人：谢谢！好，那么稍后我们再给两个自由提问的机会。刚才谈《六祖坛经》，我想起书上一句引用《六祖坛经》的话说"无者无妄念，念者念真如"，说实话我还没找到这句话是哪一个版本上的，可见的确有很多版本。至于说哪个版本最接近真实，我印象中多年以前我问过南师一句话，我说某个东西是假的，老师当时回过头说：哦，你有这一种见解呀？你学佛有这种见解？我问你哪个是真的，哪个是假的？

好，这点我贡献给大家。那我们接下去，某先生提问：第一个问题，在纷杂的社会生活中每个人都扮演着多种的角色，如何能找到真实的自我？第二个问题，如何平衡儿女眼中的孝顺和父母眼中的孝顺的差异点？好，请古老师回答。

古老师：这里讲到扮演多种角色如何找到真实的自我。"真实的自我"有两个意思：一个是西方传过来的概念，做真实的自我。另外一个概念是中国文化中的真实的自我，也等于说是找到真正的、真生命那个真我。所以这两个概念是不一样的。

那么你的问题是扮演多重角色如何找到真实的自我，这个问题其实可以回到中国文化中去解决。比如讲到多重角色的扮演，儒家的五伦就是多重角色的扮演。第一个是君臣关系，就是上级跟下级的关系；第二个是父（母）子

（女）的关系；第三个是夫妻的关系；第四个是兄弟姐妹之间的关系；第五个是朋友之间的关系。这个五伦的关系概括了我们人生中几乎所有的人际关系。在不同的人际关系中，你扮演着不同的角色，这是必然的。那么你说如何找到真实的自我？中国传统文化《中庸》讲用"三达德"即"智、仁、勇"来贯串这五种关系。从《大学》的角度来看，就是怎么样做到诚意、正心、修身、齐家、治国、平天下，只要你能够做到诚意，诚意就是真实的自我。"诚意"里面的含义非常多，包括不欺骗自己，不欺骗别人，等等。真正解释起来需要很长时间，在这里建议各位去看南怀瑾先生的《原本大学微言》跟《话说中庸》，好不好？你看这两本书，你就知道在这里面如何找到真实的自我。

当然另外一个真正的、真实的自我，佛家叫明心见性，道家叫修心炼性，儒家孟子叫尽心知性。也可以说心性的问题就是中国文化的精华之一，也是中国文化的核心之一。这个答案也可以在南怀瑾老师的著作中去找。谢谢，简单回答到这里。

主持人：第二个问题是怎么平衡儿女眼中的孝顺和父母眼中孝顺的差异。

古老师：如何平衡儿女眼中的孝顺跟父母眼中的孝顺，这两者必然存在着差异。在父母的立场来讲，所谓的孝顺不要忘了第二个字——顺，用佛家的语言是《普贤行愿品》里面说的随顺众生。所以你怎么样做到随顺你的父母，就是很大的孝顺。但是一般的子女要做到这一点很不容易。当然儿女眼中的孝顺又会因为每个人不同做法不同。这方面可以去看看《论语》，这里面有讲到怎么样是孝顺。孝顺不是只要提供吃的住的，而是怎么样在言行上去实现。所以《论语》里面讲孝顺最难是"色难"，你的表情态度，你的内心怎么样，这是最重要的事情，简单回答如上。

（三）

问：有三句话是"法身不痴即般若，般若无著即解脱，解脱寂灭即法身"，能不能请宏忍法师用通俗的语言给我们解释一下？

宏忍法师：我献丑一下了，当然这也是义所当为，讲得不对就请在座的各位给我指导。"法身不痴即般若"，其实法身、般若和解脱这三者是没法分开的，佛菩萨为了我们这些迷茫的众生才分析了一下。其实我们体会一下，所谓不痴就是觉，就是到达了般若智慧的境界。不痴即般若，般若无著，面对事物无所住而生其心，不执著，这就是解脱。解脱了，当下清净就是法身。所以这三句话是轮着的，"法身不痴即般若，般若无著即解脱，解脱寂灭即法身"，第二句般若无著，看似起用的时候般若为先，用过后当下清净即是解脱，也是法身，三个一体。所以这三句不能单用一句，它是如轮一样在旋转的。

主持人：有位女士提问，她说本来以为孩子可以自己成长、学习的，因为我们自己就是这么成长起来的。但现在来看问题很多，小孩沉迷网络，学习动力不足。我个人反思是自己本身对于家庭、社会有很多困惑，由此影响到了孩子的自我定位和生活学习状态。请问大德，家长应该有怎样的思想认识和行为规范，以正确地引导和帮助孩子健康成长。请古老师回答。

古老师：这个问题的回答需要两个小时甚至两天，这里只能简单回答一下。怎么样正确引导、帮助孩子健康成长，简单来说，健康分两个，一是身体的健康，二是心理的健康。首先就身体的健康而言，现在很多孩子身体已经不健康了。因为学业的压力，睡眠不足等问题都存在。另一个就是心理的健康。有一本精神科医师写的书叫《不正常也是一种正常》，他说他碰到过各种精神病人，他发现所有精神问题的来源其实大都是家庭造成的，父母造成的。这个话不是我说的，而是精神科医生说的。所以你说怎么样帮助孩子健康成长，我就想到南老师在《21世纪初的前言后语》里面也讲了很多关于教育的问题，他认为很重要的是首先家长要重新再教育。

所谓的家长的教育，就是家长要懂得去反思自己的问题。你说怎么样帮助孩子健康成长，简单说来我有以下看法，当然这也是根据南怀瑾先生的思想来总结的。

南先生说中国父母亲几千年来都有一个想法，就是望子成龙、望女成凤，都希望自己的孩子杰出，现在就变成"不要输在起跑线上"。南先生说这个思想是非常要不得的。所以第一就是不要望子成龙、望女成凤，不要非要他考上好学校，甚至上第一流的大学。现在很多家长觉得孩子上了好学校的目的就是出来之后找个好工作，南先生在他的书里经常批判这样的想法。过去也有读书人读书的目的是求升官，做了官之后发财，也就是升官发财。而过去真正的读书是志在圣贤，就是怎么样好好做一个人，怎么样学会做事。用现代的话语来说，其中一点就是怎么样培养孩子健康的人格。什么样叫作健康的人格呢？最近我看习主席对于教育的发言里面也提到了，他说未来的教育应该是树人塑德的品德教育。这点确实要放在第一位，把人品道德放在第一位也是中国文化重要的思想。怎么样落实人品道德，这里面也牵涉现代社会所说的怎么样让孩子有自信心。自信、自尊、自立、自强，这些都是养成人品道德的基本条件。

自信。假如我们对孩子经常批评指责，总是找毛病，对这个不满意，对那个不满意，这样就没有办法建立孩子的自信，也没办法建立孩子的自尊。我们经常拿自己的孩子跟别的孩子比，甚至在别的孩子面前骂自己的孩子，这其实都让孩子没有办法自信、自尊。前几天我看到网络上有一个成都的孩子跟校长在喊，在睪，很多人看到了吧？这孩子就跟校长吵着说要尊严。我觉得这孩子很可爱，所以你们看，任何人都是要尊严的，小孩子也要尊严，从这里就要开始注意，要给孩子尊严。

再说自立。现在的孩子受了太多的溺爱，过多的包办。什么事情都是父母亲或者爷爷奶奶帮他做好，养得很多孩子想吃一碗泡面都不会泡，这就是没有生活自理的能力，没办法自立。

至于自强，现在很多大学生都走向了抑郁症，那当然没有办法自强啊。自卑感一直非常地重，当然就强不起来。

所以我们必须重新学习怎么样当好父母，学会怎么用正确的方式爱孩子，怎么样给孩子尊重，学会在爱的过程当中怎么样不会有过多的溺爱。

当然也要学会去理解孩子，去了解孩子。为了孩子的自信心和自尊，父母和长辈可以给予适当的、正确的鼓励和表扬，这样孩子才会建立自信心。现在市场上已经有很多这方面的书，其实面对现在或者未来，作为父母本身都需要再学习。这条路我也是不断在学习，我看到我的很多学生都做得比较好。学习其实是永无止境的一条路，就像南先生所提倡的，活到老学到老。南怀瑾先生自己以身作则，在自己九十几岁的时候还天天看书。所以，让我们一起不断地学习，活到老学到老。谢谢。

（四）

主持人：接下来请允许我隆重介绍第三位答疑老师，上半场的活动因为皈依仪式没有到现场，他就是著名的宗性法师。我们都知道，宗性法师是成都文殊院方丈，中国佛教协会驻会副会长，中国佛学院常务副院长，欢迎宗性法师！所以我们下半场的活动，多了一个意味，那就是，如果您提相关的问题请宗性法师回答的话，那么相当于在中国佛学院听课了，那么我们抓紧时间。

宗性法师：先声明一句，大的事儿别问，看《人民日报》就可以了。生活上的事，问居委会就可以帮你解决。了生死的事，我也没搞定。除了这些以外，其他的都还行。但是修行的事儿别问我，要问宏忍师。怎么把家庭搞好，问古老师，我都没经验。（众笑）

主持人：大家马上上了第一课——什么叫解脱。（众笑）

上午有人说，欠账总是要还的，但是宗性法师没欠账也得还账。某先生问，佛法难闻，人身难得，本人接触到的一些出家师父说，若闻正法，不堕恶道，获得世世闻法修行的机会，当皈依佛法僧三宝。那么据我所知，皈依三宝有一定的仪式，而我凡夫俗子，俗务缠身，一直未有机会参加皈依仪式。能否借此机会在宗性法师、宏忍法师座下进行三皈依？还是说，皈依三宝，外在的仪式，无非是增加内在的信心而已呢？是应首重心的皈依么？或是一世随缘而遇，不必强求？这个问题我们请宗性法师一并为我们解答，法师请。

宗性法师：你问了四个问题，等于买一送三。其实你这个问题，你自己已经有答案，最后那句话已经把你前面问题的答案讲出来了。

某先生：就算是有答案，我需要您亲口说是，我就踏实了。

宗性法师：一般意义上来讲，觉得学佛要有个皈依。其实你这个问题有两个层面，一个是要有皈依的仪式，另外一个就是皈依的心要生起来。这两个要同时具足，你这个皈依学佛才能够真正有力量。

我在这里给你讲个我原来听来的故事吧，四十多年前吧，当然这事我没经历过，我也是听来的。成都的一位先生曾经告诉我，他大概是在 70 年代皈依的。一般意义上来讲，这个时候皈依是不大可以想象的。那么他当时跟我讲呢，给他授皈依的老法师也没在庙里，那个时候也没庙子，都关上了。他就在青羊宫的八卦亭，也没有念皈依佛、皈依法、皈依僧，没有正式的仪式，可是一辈子他都认这个老法师是他的师父，他就认定他是皈依了佛法。

当然今天环境不同了，比如今天下午我们在老太庙做皈依。所以按佛教里头讲，要看不同的时空和条件，具备什么样的条件，你就去做那个环境可以做的事儿。所以刚才我讲，在那个特殊年代，他不具备这个条件，但他用那样一个形式，他内在皈依的心生起来了，他也就具备这样一个身份了。但是你注意看，他后来皈依的心生起来，但他还是有那么一个外在的东西，启发他内在的东西。

所以我刚才上来第一句话就讲，这件事情包括两个层面：一个是仪式的，一个是内在的。这两个东西是结合的。

所以我一直讲，我们经常有一句话叫"形式主义"，实际上我的说法呢，形式如果没有主义去充实的话，这个形式就仅仅只是形式。但是任何一个主义，要是没有形式的话，这个主义没法儿落地和扎根。所以我常常希望大家，形式和主义是可以统一的，这两者加在一块儿才比较完美。

所以刚才你的这个问题，皈依这件事儿，一般情况下讲，如果只是为了去追求一种仪式，如果内心的那种皈依心没有生起来，我觉得它的意义应该会打折扣。

所以今天在那边我也讲了，我也碰到过不同情况下到庙里去皈依的，这都是我见到过的。有些人拿了皈依证出来，我说：你很了不起呀，你都皈依了。他说：我因为拿了这个本儿可以进有些庙不买票。你说他没皈依吗？他在那儿跪了两个小时，还磕了好多头。结果都是为了免个门票。

我还碰到过一种，我说：你挺不错呀，还懂得学佛皈依。他说：什么学佛不学佛，我搞不明白，别人劝我来的。我说：怎么劝你的呢？他说：皈依后将来脑袋不痛，肚子不痛。好像去磕了个头，领个本儿回来，他就可以不生病了。要是这样的话，医院的人可以跟我打架了——要是这么搞了，我们的医院就该倒闭了。

这些都是存在的现象。仪式都具备了，但是内在佛法的认识没有起来，皈依心没有生起来，实际上最后对佛法的认知不够，更别说去实践佛法的精神，根本谈不上。

所以刚才说，在有些特定的环境下，如果不能够有形式，首重皈依心这是一定的。但是反过来讲，如果条件具备的话，我更提倡的是仪式和皈依心同时具备，这是最好的选择。

主持人：下一个问题就是，今天刚刚皈依法师，成为您的弟子，您有什么期望？这是问到您这个活动的问题。还有下一个问题您也可以答：本人学佛八年时间，目前在坚持学习，主要有静坐和持诵《金刚经》，想请法师指点一下我今后还需要努力的方向，能否传授一个在家人可以一门深入的实修法门。

宗性法师：我在皈依的现场已经跟他们讲了，我就教他们两句话。这也是我对所有刚开始学佛人的期待，其他高的你办不到。其实老实讲，能不能了生死，能不能解脱，这很是要命的一件事情。但是我对普通人常常讲，先把最基础的打牢，你连最基础的修房子的地基都不具备的话，上面那些东西更办不到。所以对一般刚进来的人，我都是那两句话，这个话不是我的，我是捡来的。我有一年去一个庙里头参访，我看到庙子门口挂着这么一副对联，所以我也跟他们讲了，将来老太庙也挂这副对联，昨天晚上我已经请人写了，他们很快会刻好挂出来。这个对联是什么呢？"到庙来一定要诸恶莫作，回家去更应该众善奉行。"

但是今天我看很多现象是反的。到庙里来，他干了坏事才来，已经晚了。但是我也鼓励，来总比不来好，他起码还有一个敬畏。不是说不欢迎他来，也欢迎他来。但更重要的是你如果到庙里来，首先你要做到诸恶莫作。你回家去干什么呢？回家去更应该众善奉行。

但是诸恶莫作，众善奉行，听起来容易，你要真一辈子做到不容易。这就是那个有名的典故。当年白居易大居士，他去见鸟窠禅师的时候，就请教：什么是佛法呀？鸟窠禅师就回答他，"诸恶莫作，众善奉行"。白居易一听，这话多简单。当时鸟窠禅师就讲了：你别看这八个字三岁孩童都能听得懂，但是八十老翁不一定做得到。所以你别看就这么两句话，不容易的。

我们现代禅门有一位大德，就是高旻寺的，德林老，我去见他，他也是这四句话，"诸恶莫作，众善奉行，自净其意，是诸佛教"。但他有解释：诸恶莫作，只能说你不是个坏人，但是你不见得是好人；众善奉行，只能说你是个好人，但是你不能成为圣人。要做到第三句，自净其意，要超越这个善与恶你才能成为圣人。所以在圣人那个地方没有好人坏人之分，如果还觉得哪个人好一点，喜欢一点，哪个人不好一点，讨厌一点，他还在前面那个境界，没到三阶段。所以一般我对初皈依入门的人，第三句话我也不讲，就是两句话，诸恶莫作，众善奉行，你一辈子能够坚持到底，我觉得起码，用今天的话讲，你的人生已经买好了保险，不会堕到三恶道里头去。所以今天我在那个现场就是给他们两句话，"到庙来一定要诸恶莫作，回家去更应该众善奉行"。

还有一个问题，说"本人学佛八年时间"，那你很不简单，八年抗战都胜利了。"目前在坚持学习，主要有静坐和持诵《金刚经》。"那就挺好嘛，有也有了，空也有了，空有不二那是中道。那你就努力按这个办法去做就行了，不要贪多。昨天有个人也问我，我就讲今天的人学习呀，总觉得我这个也要读完，那个也要读完。读完以后，这些没有跟自己发生关系，永远在书上，永远在佛菩萨那里，没有给你接通，这是不行的。其实真正讲，别说一部《金刚经》，要是你把《心经》那两百多个字搞明白，你这一辈子都够受用了。所以我讲，你读什么经看你自身受用程度，关键是你要把那个精神跟你内心接通，你自己要按那个精神来转换你内在的习气，能够转化你内心的坚冰，你才能够真正有受用。所以你问有个什么法门，最重要的，你要学，还要去做到。

（五）

主持人：这个问题，古老师您得回答，关于女子教育，关于家庭教育。家长应该教给女孩哪些重要的思想认识，使女孩以后能够成为孟母一样的圣人之母？女孩有哪些经典是必读的？

古老师：每一个都是大问题，不是大问题，都是超大问题。家长应该给女孩哪些重要的思想认识？现在跟古代不一样了，所以你说现在给女孩什么样的思想认识，我个人觉得给女孩哪些重要的思想认识不重要，重要的是我不晓得你这位妈妈是怎么当一个妈妈的。根据我的经验，孩子都跟父母亲学，你这个妈妈当得好，你这孩子一般是没问题的，问题是你怎么当一个好妈妈。

我曾经碰到一个孩子跟妈妈闹得很凶，然后他跟妈妈说：我最喜欢在家里吃你做的饭。现在的父母亲，能不能好好做一顿有爱心的饭给孩子吃，现在好像还变得蛮奢侈的，大概这个是生活中很普遍的问题。还有一点，你当妈妈，在做家事的时候，你怎么样培养孩子跟你一起做家事？这就是南老师经常提到的家庭教育。你在切菜的时候，让他一起来切菜、烧饭、煮饭、洗碗，这些让孩子跟着你一起做，这就是生活教育。不要小看孩子，你真教孩子洗碗的话，我发现我所看到的孩子都会把碗洗得很干净，而且孩子洗碗洗干净，他们很有成就感。所以在这个过程当中你能不能去肯定、去夸奖你的孩子说，"哇，你洗得真干净，洗得真好，妈妈好开心"，给他鼓励？你扫地的时候，做家事的时候，带着他一起做。

南老师也不断地讲，所谓的教育是从家庭教育开始的，所以要带着他做家事。

再来，夫妻相处的过程当中，你是不是经常用吼的方式，大声的方式，甚至很不礼貌的方式跟你的先生相处。假如你都是用吼的，对先生很不客气，甚至对孩子如此，孩子学得很快。所以你看孩子是什么样子，父母亲就是什么样。所以你的言谈举止，你是不是要注意。最好的教育是身教，你怎么对待孩子，你怎么跟你的爱人相处，这些孩子都在学习。

主持人：下一个问题："找到本心，认得自性，对生活有什么帮助呢？只是学习心理学能够解决烦恼吗？"这个问题我当时就觉得应该留给宗性法师回答。宗性法师精通法相唯识学，我们可以听一下专业的佛学院课程，怎样解决我们现实的烦恼问题。有请法师。

宗性法师：这个问题我想把它倒过来说。最后那个问题：只是学习心理学能够解决烦恼吗？四五年前，有一个精神医学这个学科的年会，他们请我做一次讲座，我说我也没有学过精神医学。后来他们就给我讲，说这次开年会的很多人是做心理治疗、心理咨询的人，他们说发现有些人——当然这不是普遍——在做心理咨询和心理治疗的过程当中，时间长了，受心理问题的影响，他自己也有精神问题了。所以我想告诉你的是，在某种意义上讲，心理学可以短暂地解决你怎么去认识内心世界的问题，但它还不能彻底解决怎么断烦恼的问题。

这就像今天很多人会去讨论，科学这么发达，都证明那么多问题了，佛教将来好像就不会有市场了。但我始终跟他们讲一条，科学的很多方法，可能使得认识问题更加清晰，但是它永远不能够代替佛法断烦恼的修证方法。因为断烦恼这个修证的方法，不是靠我们今天逻辑推理，或者在实验室做几个实验就可以解决的。所以我始终坚信，真的那个最后成就的境界，一定是通过智慧的力量来断除烦恼以后，才能够成功的境界，不是我们今天其他方法可以替代。

今天很多人会觉得，唯识学也有心理学的一些成分，甚至还有现象学的方法。所以很多人会把佛教的唯识学看成佛教的心理学、佛教的现象学。当然，从当代做学问学术的方法来讲，做比较研究都不存在问题，但一定是不能画等号的，甚至我还不太提倡。为什么呢？越是往这个方向走，就越容易把佛教哲学化、学术化，这样反倒离佛教本身倡导的理念相去甚远。佛法里头尽管看起来有哲学、有思辨、有理论，但是这些所有的哲学、思辨、理论都有一个导向，是要把人往解脱的道路上指引的。因此这些东西都是工具，都是方法，不是目的。所以如果我们把这个方法、工具当成了目标的话那你就错了。因此我个人的看法是，佛法终归要用我们自身的一套办法去理解它，不要把它完全跟其他的学术画等号。去做学术研究的话，你会越搞越糊涂的。

比如我原来写过一本关于《百法明门论》的理解，我就定了一个标题。这个标题怎么出来的，我借机也可以给大家汇报一下。既然叫《百法明门论》，很简单，就是对一百个法相的名词概念都有解说。但是我曾看过别人写的关于这部书的注解，解说里头第一句话就是，《百法明门论》是一本让我们学佛的小词典。我一看这句话，就感觉跟我学习和理解有出入，因为在我看来，《百法明门论》里这一百个法，不是词典，好像哪个词不了解，我去查一下，我理解一下，不是这样。我的理解是什么呢？你看这一百个法里头，不管是色法、心法、心所法，这些东西都是谈的你自己，哪怕谈色声香味触，我们外面所对的这些世界，也是跟你自己相关联的。所以在这个意义上讲，对《百法明门论》我自己加了一个题目叫《解密身心和世界入门》。这一百个法相，不是词典，也不是概念，这些东西恰恰就是讲的你自己的身心构造。

我常打个比方，比如你会开车吧，车坏了怎么办？你要送进修理厂，你自己弄不了。为什么呢？因为你不了解那个汽车的构造，你就不知道哪儿出了毛病，也解决不了这个问题。但是送到汽车修理厂，修理工一看就知道哪个地方出了问题，他甚至可以把汽车的结构全部给拆开，还能组装起来。为什么？他了解汽车的性能构造，他就能够办到。

所以我说，这一百个法相，恰恰就是讲你自己的身心和世界。所以我的说法是，你通过这一百个法相，了解你自己的身心构造，目的是更好地来了解你的身心问题出在哪儿，你怎么解决你的身心世界的问题。所以我的建议是让《百法明门论》不能够仅仅成为一个学术词典，而真正成为你去认识自己身心世界的一个入门的方法。

所以从这个意义上讲，我就一直提倡，唯识里头尽管有很多名相，有很多概念，但是这些名相和概念一定不仅仅是名相概念的解释，它们一定跟你的身心世界要联系在一块。你只有这样去学习，里面的智慧才能够成为你人生的智慧，才能真正解决你身心的问题。

所以我是不赞成把佛法里面的名相也好，概念也好，做过多的类比的解释或者哲学化的解释，而是要直指你的身心世界，让你认识你的身心世界，最后找到你身心世界的问题出在哪儿，能够有入手处，最后能够去改变你的身心世界，这才是学习佛法的一个基本的思路和态度。这是我个人的理解，供各位参考。

（六）

主持人：那么请大家继续自由提问。

问：感谢主持人，感谢主办方提供一个很好的缘分让我来到这里。虽然看了南先生很多的书，但是第一次能这么近距离地接近先生。我有一个小问题，我真的不知道该问不该问。佛祖涅槃之时说过，以戒为师。又对文殊菩萨说过，他未曾说过一字。先生临终之前有什么嘱咐大家？谢谢！

宏忍法师：好好做人，好好做事。

主持人：南师在临走前的一段日子，宏忍师一直在身边照料南师，我们再请一位参与照料的同学回答一下。牟炼，请你回答一下。

牟炼：就是宏忍师父说的，好好做人，好好做事。

宗性法师：你把这八字真言像六字真言这么去念，就管用了。

主持人：南老师的孩子南国熙先生夫妇，今天也来到我们现场，他们有什么要补充的？

南国熙：我真的没有什么好补充的，宏忍师、牟炼都说完了。老师走之前给学生写了两个字，就是"平凡"。

问：各位老师好，我姓杨，最近几年看南老师的书，包括自己在身心上实验。现在有一个疑问就是，关于知性的"知"有这么一个疑问。我想问一下各位老师，我下面要说的这四个"知"是不是同一个？第一个就是知道自己在打呼噜时的那个"知"，和《大学》里面"知止而后有定"的"知"，还有《圆觉经》当中所说的"知幻即离"的这个"知"，还有一个就是"十六特胜"里面"知息入，知息出"的这个"知"。这四个"知"是不是同一个？它们和佛法中"觉性"的"觉"有什么关系？我就想问一下这个问题，谢谢各位老师。

古老师：四个。一个是知道打呼噜，第二个是"知止而后有定"的"知"，还有《圆觉经》中"知幻即离"的"知"，第四个是"知息入，知息出"的"知"。是不是同一个？你认为呢？

答：我认为是一样的。

古老师：那就好嘛。

答：我的体会，似乎是同一个。但是在理上，在知见上，我不太确定。所以这次是抱着这个问题来请教各位老师。

古老师：你不确定的是什么？

答：我不确定的是，有时有，就好像这个"知"它有时在，但是有时就好像不在。

古老师：有时候不知道，是不是这个意思？

答：是，在自己的身心体会上，有时就很清明，但是有时就是没有，它不在的感觉。

古老师：这个"知"，南老师在书上讲了很多。也提到过，"知"是重点，"知之一字，众妙之门"。讲到知性。南老师在《南怀瑾与彼得·圣吉》这本书里面也提到，我讲话你听到了吧？这个是知性在听到，对吧？然后他也听到了，去体会这个"知"，我们讲话的这个声音有生灭，对吧？甚至你知道自己动念头，对吧？念头有生灭，对吧？然后知性这个"知"有没有生灭？这是一个重点。你刚才讲到，你会有不知的时候，好像你这个知性就灭掉了，就没了。这里的问题是，这个"知"有体用的问题。你说会有不知的时候，比如我们睡觉的时候，这个时候就不知了。甚至你胡思乱想的时候，你就不知息入息出。你这个时候的"知"应该讲的是"知"的用。你真正要体会的话，要去体会南老师在书上讲的能知之心。这个能知，这个体是什么，这个是重点，去体会那个能知之心。怎么样去体会这个"知"？无形无相，不生不灭，不垢不净，不增不减。这里面你也可以去参照《楞严经》里面"七处征心，八还辨见"，甚至也可以看到参照《楞严经》里面，波斯匿王三岁的时候去看恒河，那个看，那个知，那个见。到老的时候，那个知，那个见，有没有变？在这里面去参究，这是我提供您的意见，仅供参考。

问：各位老师下午好，我有一个问题想向宏忍师请教一下。南老师所说的"法智忍"的这个忍，当我们遇到一些让我们情绪特别烦躁的事，或者一些困惑的时候，怎么忍得过？怎么忍？好，谢谢。

主持人：所以让"宏忍"法师回答。

宏忍法师：真把我考倒了（笑）。不过我自己的经验，这个忍字，确实是心上一把刀，真不好过。不过这个忍还是有方法的，一个是你认可它了，一个是你不动念。怎么叫认可？你跟它合一了，因势利导，不是对抗的，既来之则安之。有些事情的处理，我们平常的习惯老是对立的，包括对孩子，对家人，那就很烦恼。今天送给你们的偈子（万古千秋事有愁，穷源一念没来由……），你们把它背起来确实有用，就启发你法智忍，发现穷源一念没来由的，就放下烦恼了，不动念了。另一个认可，对这件事情你觉得义所当为，应该做的，你就去做，尽力而为，没有别的想头，自然就过去了。时间它是在迁流的，好事坏事它都会迁流过去，很多事情它自然能够迎刃而解。

问：我接着刚才的"知"字，我一定要问一下，因为这是我十多年以来的一个疑问。我想请大和尚和宏忍师回答。唐君毅先生在三十四岁那年，有一天他认为他开悟了。

我在读学生书局那本书的时候，他说晚年的时候有一次他打了麻药，他就啥都不知道了，从此他就怀疑他那个开悟是假的。我就想问一下，如果开悟以后打了麻药就不知道了，好像这个开悟的就抵不住麻药。所以我想请问一下宗性大和尚和宏忍师。但你们不能说，等你开悟后打麻药再试一下，不能这么回答。你们怎么认为唐君毅先生提的这个问题？谢谢。

宗性法师：唐君毅先生开悟了，谁说的？谁讲的？

答：他三十四岁那年他就认为他已经开悟了。

宗性法师：那你去问他呀，你问我干吗呀。我没有说他开悟了，他说他开悟了，你也信哪？

答：你的意思是说，如果他真开悟了，打麻药应该还知道。

宗性法师：我跟你讲，有一句诗，"见与不见，它都在那里"。真正的本事是知与不知它都在那里。

主持人：宏忍师用无声来回答了。想起一个佛经上的故事，佛陀在世的时候有一次在路边打坐，下座后，别人跟他讲，刚才有车队走过，他不知道，他并没有打麻药哦。这个故事你怎么理解呢？当然佛陀与唐先生境界不同。好，我们把时间交给其他人。

（七）

问：我想问尊敬的古老师，我们家的女孩子特别不听话，该如何来教育？谢谢。

古老师：你的女孩不听话，你想把她教育听话，是不是这个意思？那你是用什么方式教育她的？

答：我是尽量让她认可我，在刚开始我会有点打骂她，或者说是非理性的教育。到了后面我就有点像宏忍法师说的那样，逐渐转变我对她的认识，想做到和她想法的统一。但是我，包括我的妻子、孩子都不是特别认可这样的效果。所以还是想请古老师指教下。

古老师：您的孩子几岁？

答：十二岁。

古老师：十二岁开始不听话了，没错吧。现在问题来了，您要孩子什么都听你的，是不是这样的？

答：女孩子，最好是听话点，做个乖乖女。

古老师：就是要做一个好女孩，一切都听你的，对不对？

答：也不是一切都听，至少别老是出错，别老让人担心，犯一些不该犯的错。

古老师：什么叫犯一些不该犯的错？什么叫作老出错？

答：比如说她经常晚归，或者说学习不好，家里的事情都不愿意做，还有就是老师经常打电话给我们，等等。

古老师：问题还挺多的。我认为孩子有问题是很正常的，只要人活着都会有问题。我再问你：你自己觉得自己有没有问题？

答：有。

古老师：对嘛，有问题是很正常的。第二，你说孩子老犯错，我再请问你：你自己犯不犯错？

答：会犯错，但是尽量避免，我们成人毕竟会理性一点，谨言慎行。

古老师：即使谨言慎行，还是会犯错。我们大人都会犯错，何况是小孩子。让她犯犯错有什么不好呢？人都是在错误中学习，在错误中进步，在错误中成长的。不经一事不长一智，所以要给孩子犯错的机会。

答：其实本质上不是错误，这只是一个果。我认为造成果的因就是她的思想、学习习惯和生活习惯有问题。

古老师：她的思想跟您不一样，请问：您的爱人思想跟您的一样不一样？

答：不一样。

古老师：您的思想跟您老爸的思想也不一样，那您为什么要求您女儿的思想非要跟您一样？这是不合理的要求。假如一个孩子有自己独立的思想，请问这是好事还是坏事？假如她完全没有主见，一切都听你的，以后她出去还怎么做事情？请问：真正的一个人才是不是该有自己独立的见解？

答：其实我真正的问题是，她马上就十二岁了，生活习惯和品格应该树立好了，至少三观要树立起来。但是现在小孩身体都很早熟，可是思想又非常成问题。

古老师：您孩子现在有没有早恋？

答：没有。

古老师：一个孩子进入青春期，对异性必然有好感。假如你的孩子进入青春期对异性没有好感，对同性有好感，你紧张不紧张？正常人进入青春期一定有好感，说老实话，我们自己在青春期的时候，对异性有没有好感？各位有没有？（众答：有）对嘛，这是正常的。

问：我也问一个和女性相关的问题。我的爱人有时候有一些比较严重的情绪问题，比如今天孩子考试成绩不理想，孩子的妈妈知道了，回头孩子如果问他妈妈"我的英语作业在哪儿"，妈妈就会在这样的条件下起一个很大的情绪骂孩子。

古老师：孩子的妈妈为什么有情绪？因为孩子成绩不好？

答：我也不知道她为什么有情绪。比如那天下午孩子上课的时候，需要一个英语老师交代的东西，然后孩子找不到在哪儿，就问妈妈。妈妈就突然爆发了，然后吵得很厉害，我在旁边也不敢吱声。

古老师：你提这个问题想要问的是什么？

答：我想问的是如何帮助孩子的妈妈，尽快从坏情绪里面出来。

古老师：如何帮助你的爱人从坏情绪里面出来，然后更进一步让她没有坏情绪。这里有两个问题：第一是怎样从坏情绪里面出来？第二是怎么样让她没有坏情绪？

答：是这样。因为她坏情绪的持续时间已经有好多年了。当然，现在她的坏情绪时间相比以前也在变短，而且她的觉察能力也在提高。有一次我观察到她和孩子之间，从发生坏情绪到坏情绪过去，直到最后和好的这样一个过程，我还是感觉很欣慰的。

古老师：那不是很好吗？

答：但是我想能更好一点。

古老师：你要知足哇。她会不会把脾气发在你身上？

答：会。以前我受不了，现在没事。之前听您课的时候自己还在痛苦中，现在已经没有问题了。

古老师：没问题就好，多当点受气包吧。

答：那您要这样交代我就认了。

古老师：能够认是很了不起的事。

答：十来年前在孩子还很小的时候，我和老婆有了一次比较严重的冲突，儿子突然跟我说，"爸爸我头痛"。我当时就对孩子说，爸爸不吵了。所以我确实觉得孩子的感受很重要。

宗性法师：你是一个好丈夫，也是一个好父亲，有担当精神。

答：我没有办法呀。

宗性法师：没有办法也是一个办法。

答：怎么样能够让老婆更快从坏情绪中出来？

古老师：是你快点从坏情绪中出来，还是让你老婆快点出来？

答：她现在已经好太多了。

古老师：她有进步就好，不要要求那么多。而且她有进步，你就要不断地去欣赏、赞赏，她进步的速度就会加快。要不断说：哎呀老婆你这次又进步了，坏情绪的时间又缩短了，我好喜欢你。

问：各位老师好，《六祖坛经》里六祖悟道之后有个偈子，"何期自性，本来清净"，我想就此请老师解释一下，到底什么是我们的自性？

主持人：两位法师在以不言而说，就是这样清净的自性。

问：还是不大理解。

宗性法师：因为自性不是拿来解释的。你刚才提的问题是让我们解释一下什么是"自性清净"。我的回答是，"自性清净"不是用来解释的。

问：老师好，我有两个问题。首先，很多人在读了南老师的书后都会产生修行的想法，南老师也一直在强调学佛要先学做人。但问题是很多人没钱，我们都知道法、财、侣、地的重要性，现在很多人没钱，可是学很多东西都需要报名，需要金钱的付出。所以我想问：没钱的人该如何去修行？是不是没钱就一定要先去赚钱，然后有了因缘才能修行？

宗性法师：这个问题不用回答，因为我们三个今天都没收钱。

问：但是具体的比如一些法门的学习都需要一些花费。

宗性法师：有钱就存起来，把家庭搞好，不要交给我，我也帮你处理不了。听明白没有？

答：似懂非懂。

宗性法师：这多简单哪，凡是哪个地方学习天天要交钱的，你小心点不要上当。我们这儿今天谁也没让你交钱。你现在不是个大老板吧？

答：不是的，很普通。

宗性法师：对，也就是说你现在还是工薪阶层，所以你的第一要务就应该是负好责任，把父母赡养好，把家庭经营好，然后再说其他的事儿。

问：第二个问题是，很多做文化事业的人的初发心是好的，他们不是为了赚钱，而是为了文化的传播。但是文化事业也必须借助财力的推广，如果没钱的话这些事情就难以在这个世界推行，所以如何看待他发心和金钱的关系？

宗性法师：当然，这个世界上有句话叫"钱不是万能的，没钱是万万不能的"，要去做文化传播的事业确实需要有基础。就像过去出去打仗，都是兵马未动，粮草先行。而且今天社会的大环境又比较复杂，有时候一提倡文化事业，附带着各种各样的现象都会出现。我知道有些人发心要做文化传播的事业，同时也想要有一定的报酬。但我知道那是为了更好地去做传播的事业，这样并没什么不好。关键的问题是，一定要坚持你那份发心，这才是最重要的。

主持人：你刚才提的问题其实很多朋友都有共鸣。在家人想学佛，可是又得忙着赚钱，该怎么办呢？其实，我觉得这个问题你要这样想，赚钱确实是需要的，但问题是赚完钱之后其他的时间你用来做什么了。

问：我想请问几位老师，我们在修行的过程中都会遇到很多的障碍。比如我今天在这儿听几位老师大德答疑解惑，就是加强我自己的修行。但是由于我的工作关系，我就不能关手机，而且必须二十四小时开机，结果今天下午就来了十几个电话。昨天我没来听课就一个电话都没有，今天在这儿听课一下午就来了十几个电话。所以觉得这是我的障碍，我想问：怎样才能克服我的障碍，加强我的修行？谢谢。

宗性法师：这很简单，如果有急事你就去接电话。我们讲的，你可以不用听。

主持人：还是那句话，您忙完了之后的时间干什么去了？时间关系，我们请宗性法师来回答最后一个问题，我觉得可能对大家都有好处。有一位先生提了关于因果的问题。他问：在一期生命之中，过去的因对今生的决定度有多少？今生能改变多少？改变是否也是有因的，今生所有的一切是不是已经定型的？我想他应该是想问：改变是否也是事先被确定的？它如果也有因，那么好像这辈子不管改变不改变，都是事先预定的？

宗性法师：我们一般人对因果的观念都容易从宗教上来理解，把它神秘化。我个人觉得，其实对因果的理解不必要太宗教化。因为因果是普遍存在的现象，它跟宗教没有必然的联系。但是你提到过去的因对今生的决定度有多少，这其实是因人而异的，不是我们能截然地分出三七开或者四六开来的。总体来讲，这个问题里有一个基本的思想，就是觉得一切东西好像都有定数。实际上，如果你觉得有定数，那就不符合佛陀的精神了。佛陀讲一切都在无常变化当中，一切皆有可能。

因果看起来也有两个方面，一个是偶然，一个是必然。但是这个偶然它背后有没有必然？有的。而你看起来的那个必然，实际上也是偶然的因素。所以我想大家不要把它绝对化，总觉得任何事情都可以往过去生上面靠。我常常碰到很多人，包括修行的人，经常都说，哎呀，我这辈子恐怕不行了。你问他原因，他就说肯定是我上辈子造的因太多，所以这辈子障碍多，还是等到下辈子再说吧。可是下辈子你会到哪儿还不一定呢。

　　所以我觉得，因果的改变很大程度上取决于你的愿力。不管是做事也好，还是学佛也好，最重要的是你的愿力，是发愿的愿，不是抱怨的怨。你的愿力有多大，你坚持的就有多少，你内心的力量就有多少，你就能改变多少。所以你有一分愿力，坚持一分，你就能改变一分；而如果你有十分愿力，十分努力，你就能够改变十分。南先生自峨眉山发愿以来，经历了七十年，都还一直坚守着。峨眉是什么地方？是普贤菩萨的道场。普贤菩萨的愿是什么？是十大愿。而且这十大愿的每一个愿中间都有那么几句话，"念念相续，无有间断，身语意业，无有疲厌"，同时每个愿里也都有"众生界尽，众生业尽，众生烦恼尽，我此愿力无有穷尽"。现在有一句话叫重要的事情说三遍，而普贤菩萨把重要的事情说了十遍，岂止三遍，可是你听不进去，那就没办法。

　　所以我认为因果的问题，还有能够改变几分的问题，我个人的体会是得看你每天朝着那个方向去努力的愿力。你能坚持几分，你就一定能够改变几分，最后你也就能够成就几分，收获几分，谢谢。

　　主持人：一下午一转眼就过了。本来我想准备最后做一个总结发言，但现在我改了主意，我想请三位老师针对今天的答疑活动，每人送大家一句话。

古老师：刚才回答问题已经够痛苦了，主持人还再来加一个痛苦。（笑）当然，每个人都会有大大小小的痛苦，希望大家通过闻思修慧来减轻自己的痛苦，祝大家生活愉快！

宗性法师：八个字——开心学佛，快乐生活。

宏忍法师：刚刚大和尚提到发愿，那我就带大家发个愿——未生善法当令生，未尽恶业今使尽，十方三世佛加护，迅速发起菩提心！阿弥陀佛！

主持人：好，最后我们向老师们表示衷心的感谢，谢谢你们！今天的答疑活动到此结束。

述怀篇

2017 年 9 月，于南怀瑾先生逝世五周年之际，成都、峨眉、庙港的纪念活动中所赋诗歌收入本篇。

南师：您还好吗？

—— 南师示寂五周年感言

宗性法师

五年前，

月圆之夜，

在太湖之滨，

为南师送行，

那一轮明月，

皎洁如玉；

五年后，

中秋前夕，

相聚在成都，

明月清风拂面，

桂香散发出清幽，

犹如南师的身影再现。

上午，我们共同追忆了怀师之师，

这也是替南师完成心愿，

因为六年前，

南师催促修建焕公灵塔时，

"我的时间不多了"的叮咛，

还时常萦绕在耳畔；

下午，我们在文殊院甘露堂里，

面对南师，如诉如泣，

感怀万千。

五年过去了，

听了许多有关南师的故事，

有过去听过的，

有新增入耳的，

每听一次，

内心的感触如同海浪拍打心弦；

五年过去了，

陆续再读南师的著述

或与南师有关的书籍，

每读一次，

内心的坚冰总会融化一小块儿；

五年过去了，

南师留下了许多作业和公案

大家虽然都尽力了，

但每次回想，

真的是愧对南师。

五年了，

回望您漂泊的一生，

您秉承"天下为公"的情怀，

为了民族文化精神的传承，

您的脚步从没有停歇；

五年了，

回望您奉献的一生，

您秉持"无我利他"的行谊，

为了国家苍生的福祉，

您以弱肩之力实践着知行的担当；

五年了，

回望您孤寂的一生，

您坚守点亮心灯的信念，

为了芸芸众生的心性慧命，

您总在乱峰深处啼鸣。

五年来，

一直怀念您，

南师：您还好吗？

五年来，

一直感佩您，

南师：您还好吗？

五年来，

一直期待您，

南师：您还好吗？

丁酉年秋分

公元 2017 年 9 月 23 日

9月24日，二十余位同学徒步攀登峨眉山中峰之巅大坪寺（海拔1800米左右），缅怀南师怀瑾先生（路途颇险峻，不建议效法）。有诗如下：

二〇一七年九月廿四日
登大坪日记

心定法师

（通永老和尚法子）

古道沧桑话当年，
瓦砾片片经劫间。
先贤安守过往事，
后辈行脚古道边。
昔日祖风行愿足，
实修实证明镜圆。
无常无住诸形象，
似空非空有前缘。

大坪祭

马宏达

岩岩无尽路，①
登顶祭先贤。②
忽逢醍醐雨，③
悲泪洒青山。
百年沧桑事，④
千世文脉悬。⑤
中流做砥柱，⑥
苍生赖片言。⑦

丁酉秋分后一日（公元 2017 年 9 月 24 日）

于峨眉成都旅途

注：

①前往峨眉山中峰之巅大坪寺之路，台阶重重无尽，艰险异常。

②南师怀瑾先生昔年为阅大藏经而闭关于大坪寺，并发愿将平

等弘扬儒释道等文化。

③登山途中无雨，登顶大坪寺遗址后，忽小雨如醍醐灌顶，幸有珙桐古树荫蔽。下山伊始，雨渐停。

④⑤近现代百余年，中国乃至世界遭遇三千年未有之变局，一切皆在变乱激荡中，文化之脉命悬一线。

⑥⑦借句虚云老和尚临终偈语，喻示有人在如此前所未有之变乱激荡之世，以教化行世，济度苍生。

和宏达兄《大坪祭》兼怀南师

宗性法师

欲圆菩提路，

行履效普贤。

华藏雨花雨，

梦留第一山。

千秋无常事，

万古明灯悬。

津梁垂玉柱，

迷途有微言。

山王庙凭吊

马宏达

殿宇空芜王气在，[①]
四顾苍茫忆前缘。[②]
七十余载偿大愿，[③]
行行行行即普贤。[④]

注：

①山王庙位于大坪寺下方一段距离，曾供奉黑虎，乃峨眉山王菩萨，与南师颇有缘。今唯留遗址，草木荒芜，但王气犹存。

②山王庙周围有悬崖，草木森森，白雾苍茫。昔年南师怀瑾先生曾于此发大愿，平等弘扬儒释道等文化，接续文化断层，得殊胜感应。

③此后七十年，南师为此誓愿而奉献终生。

④行愿无尽即普贤精神。

纪念诗三首

南怀瑾老师逝世五周年感怀

朱荣徽

弱冠叱咤阅兵台，
挂印封金亦快哉。
一遇灵岩千古事，
百年书剑几劫灰。
勤修大道不辞苦，
欲起天心誓挽回。
五载中秋犹昨日，
南师如去也如来。

和宏达兄《大坪祭》兼怀南师

朱荣徽

峨眉险峻路，

四众仰先贤。

灌顶飘慈雨，

宏愿润青山。

百年书剑事，

千秋慧日悬。

昆仑擎天柱，

苦海解脱言。

丁酉中秋前一日，
值怀师辞世五周年忌辰，
记日前登峨眉大坪事

方放

青冥四望莽苍苍，

犹接当年无尽光。

隐隐奔雷开夜壑，

生生宏愿撼空王。[①]

终凌绝顶穿云远，

忽沐甘霖和泪长。[②]

故道寻来千百转，

万山收拾入行囊。

注：

①南怀瑾先生昔年为阅大藏经而闭关于峨眉中峰巅顶大坪寺，并发愿平等弘扬儒释道等文化，当时即得感应，夜空忽放大光明久久笼罩峨眉。

②日前与诸同学登临大坪寺遗址，初到之时忽然遇雨，如承甘露。

丁酉中秋缅怀南怀瑾先生
示寂五周年暨诞辰百年

亓效亮

（一）

江海无为无住翁，

少年仗剑破鸿蒙。

峨眉月印回天愿，

宝岛潮吟济世功。

融会百家垂绝学，

经纶三教补残穹。

情浇故国千山秀，

拨翳乾坤见大同。

（二）

微言大义百家收，

蠡测旁通四海流。

洒洒襟怀东岳气，

茫茫魂梦太湖秋。

身衰日没凤凰泣，
道隐魔兴龙虎愁。
棒喝心灯谁接得，
霓虹影幻万千眸。

（三）

早解浮生如幻沤，
每从仙隐觅交游。
山川录影须眉古，
日月参禅筋骨柔。
德降魔顽心不住，
学惊贤俊世无俦。
因怜劫后芳菲闷，
故遣春风到九州。

（四）

钱塘潮涌一何骄，
蜀岭峥嵘道未遥。
万国风尘心历历，
千秋功业志迢迢。
别裁杂说开青眼，

雅正元音动碧霄。

力浚清源垂上古，

誓教枯木发新乔。

注：微言、大义、蠡测、旁通、录影、参禅、别裁、杂说分别指南师著作《原本大学微言》《楞严大义今释》《楞伽大义今释》《禅海蠡测》《孟子旁通》《习禅录影》《参禅日记》《论语别裁》《易经杂说》。

（亓效亮，山东省莱芜市人，现服务于山东钢铁莱芜分公司。1994 年有幸接触南怀瑾老师法宝，一见倾心，深深服膺南师道德学问，二十多年以来，几乎遍读南师大作，颇受法益，正值南师示寂五周年及诞辰百年，百感交集，草拟四律于上，聊抒感怀。）

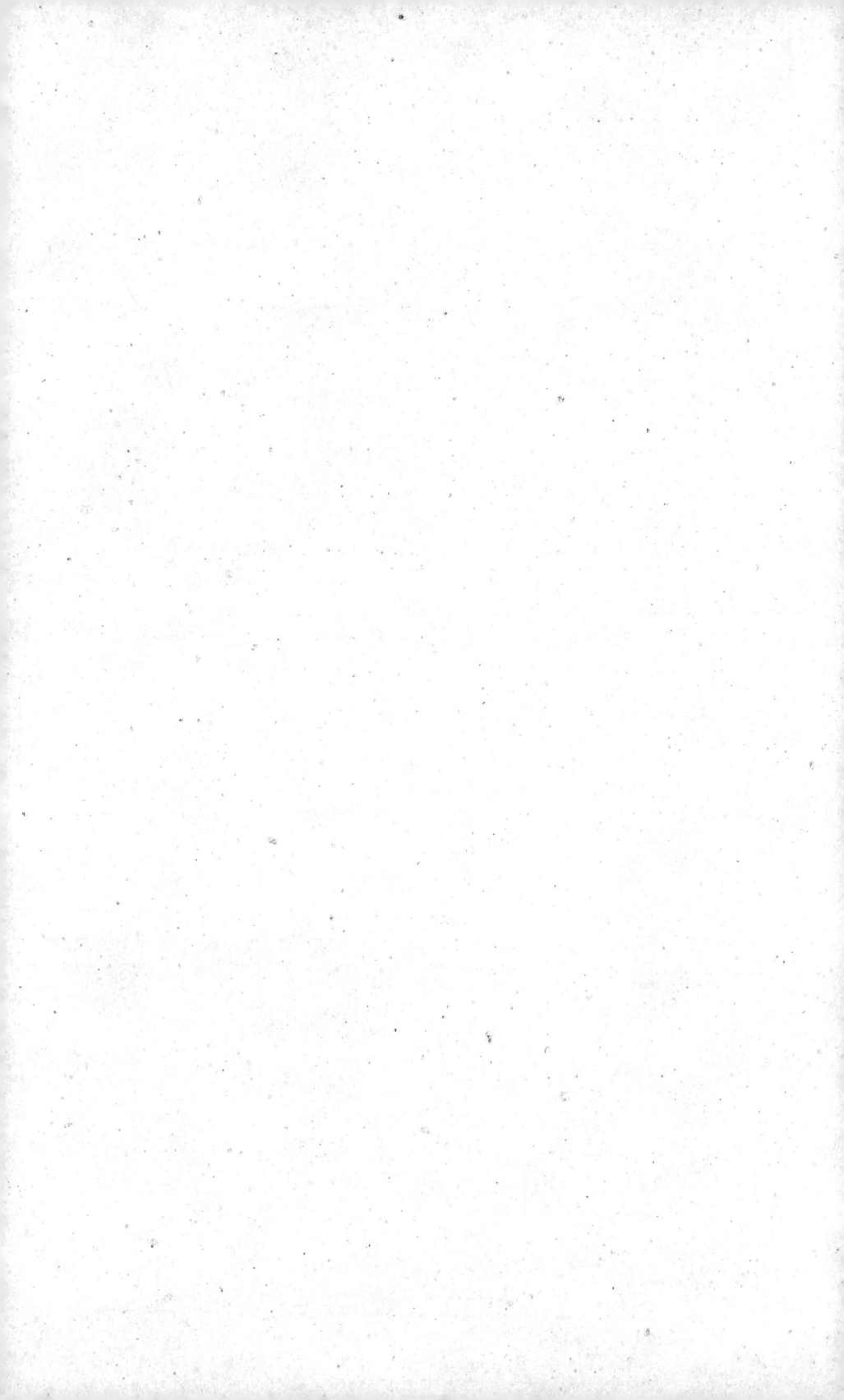